文化

…ing Different

不一樣就是不一樣

李茲文化

Make Something Different

不一樣就是不一樣

李茲文化

任何人都會有的思考盲點

認識自己、洞悉別人，活得比今天聰明。

You Are Not So Smart

Why You Have Too Many Friends on Facebook, Why Your Memory Is Mostly Fiction, and 46 Other Ways You're Deluding Yourself

為什麼我們常會做笨事？

減肥失敗、喜歡拖延並不是你的專利。
偷學 48 個心理學家已經證實，
每個人都會犯的**認知偏見、捷思、邏輯謬誤**。

大衛・麥瑞尼 著
David McRaney
連育德 審訂
金棣、黃貝玲 譯

【序】

一堂心理學概論改寫我的人生

這本書源自我的同名部落格，之所以有這些概念，可以追溯到高中畢業七年後的一門心理學入門課。

結婚後，妻子和我決定賣掉在美國的一切跑去德國，沒有特別原因，純粹只是想看看命運會把我們帶到哪裡。我們兩個都在密西西比州一個小鎮的小學校裡就讀，在這樣的背景下所能有的工作機會就是我們去打的工，不外乎在餐館端盤子、當蓋房子的臨時工、或是賣外套的店員。要甩開這種生活展開一段冒險，對當時的我們而言不會有什麼損失。踏入異鄉後，我們被自己的天真與無知嚇到了。於是對著彼此發誓，回國後非拿到大學文憑不可。

我們最早接觸到的大學課程是珍．艾德華茲（Jean Edwards）這位優秀老師上的「心理學概論」，不容易學，但這門課改寫了我們的人生。

艾德華茲的課和別門課大異其趣，簡直是無可挑剔。她每天帶著筆電和投影機來上課，藉由影片、照片、動畫及圖表詳細解說心智的運作有多麼錯綜複雜，教科書充其量只能算是補充教材。課堂上，她用多年練就的講課功力讓我們對許多現象嘖嘖稱奇，喚醒我們看見盲點。她要我們起身當場試驗，有時個別有時分組，也會點人要求發言。當考卷攤在桌上時，絕對不是考死記就好的東西，絕對不會出現填空題。每個題目都像是在解謎，對上課內容要有深入理解才可能順利解題。等我們正式成為大學生後，很驚訝地發現竟然沒有別的課可以跟她的課相提並論。

在其中一堂課，她要我們想像一個人，每天醒來後都要用報紙包裹全身再穿上衣服。他努力工作養家，不曾傷害任何人。每天結束時，他會小心翼翼地脫掉身上的報紙，再上床睡覺。她問，「這人瘋了嗎？」接下來的一個小時，全班熱烈討論著這個問題。多數人不假思索地就說，「是啊，很明顯吧。」她會引導大家討論，點出我們的無知，要我們想想自己的怪癖與病態的嗜好。全班在課堂結束時有了共識，報紙人只是受自己的盲點矇蔽，如同我們所有的人一樣，所以一點都沒瘋。

艾德華茲的每堂課都發人深省，不僅是因為她讓我們眼界大開並對人類心理有了全新認識，也因為她讓像我及妻子這樣的人了解到，外頭滿是和我們相同的人，因為任何人都會有相同的思考盲點。她不吝於在課後花上一小時和學生聊聊，也總是有辦法推開學生及同事身上的框框。她讓人覺得與衆不同沒什麼大不了，而且應該當成寶來看。她讓學生認識到原來人可以這麼活，那是在遇到她之前壓根沒想到過的，所以自然想向她看齊。她是個聰明又成功的學者，不輕信任何事，也會要你一起來挑戰。這本書和同名的部落格，就是啓蒙自她的課。

因此，珍．艾德華茲，感謝你，你改造了我，徹底顛覆我的世界觀。

【推薦序】

十九世紀末，大家熟悉的心理學大師佛洛依德提出「潛意識」一說，雖然很多人認為他的理論難懂、缺乏科學根據，但至今對大眾仍有深遠影響，他被視為是影響人類的重要人物。隨著腦神經科學、認知科學的進展，以及各種儀器的研發，現在我們對於人類腦部，以及人類思考、做決定、情緒反應、或所謂的潛意識的理解已有長足進步。本書作者即是運用許多科學的研究報告幫助大家理解，每個人對於「事實」、「決定行為」、或「情緒反應」的認定都會受到自己不自知的盲點限制。我想，這樣的理解不是要大家驚覺「原來我們是一群不理性的人」，而是要更能覺察、更能留心自己的偏誤來源，也更要尊重他人的想法或決定，尤其在這愈來愈多元的世界。

修慧蘭
國立政治大學心理系兼任教師、諮商心理師
中華民國諮商心理師公會全國聯合會祕書長

讀完麥瑞尼的這本書，我們都變聰明了。

～夏綠蒂觀察家（The Charlotte Observer）

聽麥瑞尼講這些事讓人如坐針氈，卻不覺莞爾……。

～《華爾街日報》(*The Wall Street Journal*)

每一章都讓你聽得進去，承認你沒有那麼聰明，但不致於讓你覺得自己真的很笨。《任何人都會有的思考盲點》是一帖妙趣橫生的心理學良藥，包裹在好聽的很多小故事裡，幫助你認識自己、洞悉任何人。原來我們都比自認的還要不理性很多，閱讀這本書，就是幫自己取得很大的優勢。

～亞歷克西斯・奧海寧 (Alexis Ohanian)，Reddit.com 共同創辦人

為什麼我們常會做笨事？要了解就要讀《任何人都會有的思考盲點》。

～Lifehacker.com

從書名你會以為這本書是打算要笑你，事實上，《任何人都會有的思考盲點》已經非常包容地看待你的不理性。

～傑森・考特克 (Jason Kottke)，Kottke.org 部落格主

為什麼會任由空洞的電視節目、政府的宣傳、企業的洗腦來主宰我們的生活？很多人都覺得集體無知是很嚴重的問題。幸虧出現了麥瑞尼這本令人大開眼界的好書，我們終於可以得知這個問題的科學根據。任何清醒到會納悶為何這個社會竟把愚蠢當成寶的人，都該讀這本書。

～大衛・希洛塔（David Sirota），《回到我們的未來》（*Back to Our Future*）作者

一本醍醐灌頂，「令人不舒服得恰到好處」的通鑑，囊括了我們最根深柢固的思考盲點。

～Brianpickings.org

完全道破問題所在！大衛．麥瑞尼知道一般人會因為思考盲點而會犯許多通病，卻一點都不會讓讀者覺得自己豬頭。

～《赫芬頓郵報》（*The Huffington Post*）

CONTENTS 目錄

概論：你沒有那麼聰明

✕ **誤解** 你是個有理性有邏輯的人，能如實看清世界真正的樣貌。

○ **真相** 你和所有的人一樣容易有錯覺，不過沒關係，這樣的你才不會發瘋。

人都會自己騙自己，至於為何會被自己耍得團團轉，你手上這本「人類自欺手冊」會一一道破為何我們甘心如此。

你以為自己知道世界如何運作，但其實你真的不懂。人生汲汲營營，你每天這邊有意見、那邊有想法——就連現在這一秒也是一樣——為自己是誰和自己的種種作為編故事，湊在一起看，似乎還真有一回事。

事實上有愈來愈多的心理學與認知科學的研究發現，人對自己的行為毫無頭緒，不知自己為何選這個不選那個，也不知道腦袋裡的想法是從哪裡冒出來的。還不只如此，你很會自圓其說為自己開脫，例如為何減肥會半途而廢；為何喜歡蘋果不喜歡微軟；為何自己明明記得是張三告訴你有個小丑用罐頭做了假腿的故事，但實際上卻是李四說的，甚至連故事主角也不是小丑。

請花點時間環顧一下此刻你的四周，一秒鐘就好了。你會發現眼前各式物品都是心血的結晶，而且是文明經過數百年來的推進，你現在才能享有這麼多的發明。

從腳底下的鞋子開始，再看你手上的書，然後瞧瞧生活每個角落裡在低聲運轉的機器，諸如烤麵包機、電腦，甚至在遠方街頭呼嘯而去的救護車。在我們回來談正題之前，先想想人類一路以來解決了多少問題，有人的地方就有無數建設，真是太值得讚嘆了！

想到建築物與汽車，想到電力與語言，人類還真是厲害，這就是理性攻無不克的鐵證，不是嗎？如果你真的這麼相信，可能就會沾沾自喜，得意於自己和所有人類同胞的聰明程度。

等一下，但你也會把鑰匙鎖在車裡，會想不起方才就在嘴邊要說出來的話。你會不小心吃得過胖，有時會淪落到口袋裡沒有半毛錢，別人也是一模一樣。不論是破產危機或感情出軌，我們都可能會偶爾耍笨，而且很笨。

最偉大的科學家也好，一般的技工也罷，每個軀體內的每副腦袋都充斥著先入為主的想法以及既定的思考模式，所以不知不覺就會想偏掉。所以說，不是只有你才會犯這個毛病。不管你的偶像或心靈導師是誰，他們也一樣容易作出錯誤的判斷。

我們來舉心理學實驗「沃森選擇題」(Wason Selection Task) 作為第一個例子好了。想像有一個心理學家在你面前發四張牌，但這可不是普通的撲克牌，牌的一面只有數字，另一面只有顏色。從左至右分別是三、八、紅色和棕色。這個心理學家耍心機，先讓你把牌看個清楚，然後問說：「我這一副牌有點奇怪，但符合一個規則，那就是，假如某張牌的一面是偶數，它的背面就一定是紅色。好，請問你應該要翻開哪一張或哪幾張牌，才能證明我說的規則是真的？」

四張牌分別是三、八、紅色和棕色，你要翻開哪幾張？

當作是心理學測試，這個實驗再簡單不過，而作為邏輯推理的題目，應該也不算太難。但心理學家沃森 (Peter Wason) 在一九七七年進行此實驗時，只有不到一成的受試者能答對。他當時用的卡片一面是母音字母而非顏色，但在後續很多次的實驗中改用顏色，仍然有差不多比例的受試者反應不過來。

那麼你的答案呢？如果你選三或紅色，或是只選八，或只選棕色，你就和九成的人一樣被題目考倒了。如果翻開三，看到紅色或棕色，證明不了什麼，你也沒獲得任何新資訊。如果你翻開紅色的背面是奇數，這也不違背遊戲規則。**唯一正解是翻開八和棕色**

的牌。如果八的背面是紅色，你能確認符合此一規則，但還不能證明其他的牌是否違背規則。如果棕色的牌背面是奇數，沒有新資訊，但若為偶數，你就能證明心理學家說的規則是假的。翻開這兩張牌是唯一答案，一旦你知道解答，一切就變得理所當然。

四張牌配一條規則，還有什麼能比這更簡單嗎？如果高達九成的人解不出來，人類有什麼能耐造成羅馬和治癒小兒痲痺？**這就是本書的主題：你很自然地受制約，會以特定方式思考，你的世界是你和這些偏見共處的結果，而不是你戰勝偏見的產物。**

如果你把牌子上的數字和顏色替換成社交情境，測驗就會變得簡單許多。假設心理學家又回頭來找你，這次他說：「你現在在一間酒吧，法律規定要二十一歲以上才能喝酒。這四張牌的一面都寫著一種飲料，另一面寫著飲用者的年紀。你應該要翻開哪些牌，才能知道酒吧老闆是否守法？」然後他發出了四張牌，上頭分別寫著：

二十三、啤酒、可樂、十七

現在看起來容易多了。可樂誰都可以喝；二十三歲什麼都可以喝。**但如果你只有十七歲卻喝酒，老闆就違法了；你也必須檢查喝啤酒的人的年紀，才會知道老闆是否違法。**那麼就有兩張牌跳出來了，啤酒和十七。**你的頭腦在某些情境動得很快，例如社交**

場合，而在某些情境中卻不那麼靈光，比如說用數字和顏色考你邏輯推理，就不行了。

本書貫穿這一類的主題，還會附上進一步的解析與省思。「沃森選擇題」作為一個例子，證明你的邏輯挺差勁的，然而你還有很多信念也同樣有瑕疵，在紙上談兵時很美好，執行下來卻慘不忍睹，當嘗試失敗後，你多半選擇忘掉它。人打心底期待自己一直是對的，更希望自己在道德面與行為上都拿高分，而且會努力把自己想成有符合這些目標。

本書三大主題包括認知偏見、捷思和邏輯謬誤，這些是心智的組成元素，就像器官是身體的組成元素，它們在狀態佳時會好好為你工作，不幸的是人有旦夕禍福。這三者是可以預測的，加上屢試不爽，讓利用各種偽科學巧門的金光黨、魔術師、廣告人、算命仙和小販數百年來荷包賺飽飽。直到心理學家用嚴謹的科學方法研究人類行為後，這些自我欺騙的毛病才終於有了分類，才終於被量化。

認知偏見指的是思考與行為有一套固定模式，導致你得出不正確結論。你和其他所有的人都帶著這些討人厭又很離譜的認知來到人世，只是你渾然不覺。很多偏見的功能是要讓你擁有自信，或至少不要把自己看成丑角。維持良好的自我形象對人的心智似乎十分重要，人類才會演化出自我感覺良好的心理機制。認知偏見會讓你作選擇時不太聰明，判斷錯誤，形成錯誤的驚人見解。舉例而言，你傾向於搜尋贊成自身看法的訊息，忽略掉唱反調的意見，這稱之為「肯證偏誤」(confirmation bias)，你書架上的選書和電腦裡放進「我的最愛」中的書籤就是明證。

捷思指的是用來解決日常問題的心智捷徑，可加快大腦的處理速度，但有時會使你的思考快過了頭而錯失重要資訊。你的大腦不想繞遠路深思最好的行動方案為何，不去尋求最合理的解釋，而是以拼百米賽跑的速度用捷思得出結論。有些捷思是後天習得的，有些則是每個人出生時，老天爺都會免費奉送的。運作良好時，捷思可以節約心力；運作失當時，你會誤把世界看得太簡單。舉例來說，你注意到新聞上鯊魚攻擊人的報導增加了，你會以為鯊魚群開始作亂了，但其實你唯一能確定的只是鯊魚相關的新聞報導比以前多而已。

邏輯謬誤就像解數學題時看文字敘述，跳過一個步驟或搞錯意思了，指的是沒有完整事實就達成結論的思路，可能是因為懶得聽進資訊，或者根本不知道自己所知很有限。你成了笨偵探。邏輯謬誤也可能是一廂情願的結果，有時候你會把正確的邏輯套在錯誤的假設上，有時候你又把錯誤的邏輯套用於事實上。好比你聽到愛因斯坦不吃炒蛋，可能會猜想炒蛋大概有礙健康，這叫做訴諸權威。你假設如果某人聰明絕頂，那麼他的每一個決定都會是明智的決定，但搞不好愛因斯坦只是不喜歡炒蛋的口感而已。

隨著本書每一章介紹的主題，你會開始以不同的角度審視自己，很快就會明白你沒有那麼聰明，但是拜一籮筐的認知偏見、捷思和思考謬誤之賜，你可能又再度慢慢開始欺騙自己，才能好好活在這個事實裡。

別擔心，讀來保證好玩。

盲點 1 聞到清潔劑的香味就會變得比較愛乾淨。⬇觸發效應

✕ 誤解 你知道自己何時受到影響，也知道後續的行為有因此而改變。

○ 真相 你渾然不覺潛意識裡形成的念頭一直在左右你。

你從超市開車回家的路上，發現自己忘了買水餃沾醬，本來就是爲了買這個才跑一趟的。也許到加油站的便利商店買一買，哦……算了，下次再買好了。然後心思又從沾醬飄向油價，然後想到帳單，又開始思索有沒有預算買新電視，接著想起有次一口氣把整季的《星際大爭霸》(*Battlestar Galactica*) 影集拼完……搞什麼啊，你人已經到家了，根本無法回想起這一趟是怎麼開回來的。

原來你是處在長途駕駛神遊狀態下開車回家，腦袋和身體好似各自爲政。在你停

車抽出鑰匙的那一剎那，就會跳脫出這種做夢似的狀態。這種狀態又稱爲生產線神遊 (line hypnosis)，指的是生產線作業員重複著機械式動作時的精神抽離狀態。這種時候，意識開始游移，某項大腦活動進入自動導航模式，其餘的心思則陷入較不乏味的事件上，意識漂流，進入冥想。

你時時刻刻都在把主觀經驗區分爲意識與潛意識，包括現在就是：呼吸、眨眼、吞口水、維持特定姿勢、閱讀時閉起嘴巴。你可以將這些行爲交由意識控制，但也可以留給自主神經系統。開車長途旅行時，你可以集中注意力開車，仔細調整踩油門的輕重，不斷變換手握方向盤的位置，忖度數百萬個必須做好的微小決定，以免在高速中發生意外慘死；但你也可以一邊和朋友唱著歌，同時分心處理開車這種瑣事。你覺得潛意識是身而爲人的一部分，見怪不怪，卻又常覺得它事不關己，它是埋藏在意識底下的原始自我，跟拿車鑰匙開車這種事沒關係。

但科學界卻不這麼認爲。

多倫多大學的鍾晨波 (Chen-Bo Zhong) 和西北大學的李珍奎 (Katie Liljenquist) 於二○○六年發表在《科學》(*Science*) 期刊的論文就是很好的例子，讓我們了解潛意識的力量有多大。他們進行實驗，請參與者回憶曾經做過的一件不道德的事，並描述回憶此事時的感受，接下來提供半數的參加者去洗手的機會。在實驗結束時，兩人詢問受試者是否願意無償參與後續的研究，可以幫助到一名急著找人協助的研究生。沒洗手的人當中，有七十四%願意幫忙，但洗手組當中只有四十一%的人願意。研究人員發現，洗手組那群人已經在潛意識裡洗去罪行，所以覺得贖罪不再那麼必要。

受試者並不是眞的洗去情緒，自己也沒意識到這點。洗滌除了預防染上病菌之外，還有更深層的含意。鍾晨波和李珍奎認爲，大多數的文化中都拿乾淨與純潔的概念，來和污穢與骯髒作對照，在物質上和精神層面皆然。洗淨出現在許多宗教儀式中，也幾乎是所有語言拿來打比方的用語，將卑鄙行徑形容成骯髒行爲，或將壞人形容成垃圾也很普遍。更有甚者，當我們不齒別人的行爲時，作出來的表情是和看到噁心的東西時一模一樣。**參加前述實驗的人不自覺地把洗手和一些衍生的意義串起來，行為也跟著受到影響**。

當過去的某個刺激影響了思想或行爲，或改變了你後續對某項刺激的感受，就稱爲「觸發效應」。每一次的感覺，不管你是否清楚意識到，都會在神經網絡誘發一連串相關的念頭。鉛筆讓你聯想到原子筆，黑板讓你想到教室。這種狀況時時刻刻在發生，即使你沒留意，也一樣會改變你的行爲模式。

很多研究顯示潛意識對於思考與行爲影響甚鉅，而觸發效應則可輕易左右潛意識，凱伊 (Aaron Kay)、惠勒 (Christian Wheeler)、巴格 (John Barghand) 與洛斯 (Lee Ross)

在二〇〇三年進行了一項研究，參加者被分成兩組，他們的任務是要把圖片與文字描述連連看。其中一組看的是一般的圖片，他們必須畫線，把風箏、鯨魚、火雞和其他東西的圖片連到紙張另一側符合的文字敘述；另一組則是把公事包、鋼筆等商業類的物品與相應的描述畫線相連。接著研究員將參加者請到個別獨立的房間內，告知他們已與另一位受試者配成一組，事實上這位搭檔是爲了這個實驗安排的工作人員。接著每個人被告知即將參與一個遊戲，贏家最多可拿到十美元獎金。研究人員拿出一個杯子，並告訴受試者杯裡有兩張紙條，一張寫著「出價」、另一張寫著「決定」。遊戲開始後，他們可以選擇是要自己從杯裡抽出一張紙條，還是讓搭檔抽選。遊戲難在哪？抽到「出價」的人可獲得十美元，並決定兩人要如何分錢，最後由搭檔決定要接受或拒絕這個出價，一旦拒絕的話，雙方一毛錢都拿不到。這叫做最後通牒賽局 (ultimatum game)，因爲結果具有很高的可預測性，是心理學家與經濟學家都很偏愛的工具。通常提供給對方不到兩成的出價會被拒絕。

多數人會選擇自己要抽紙條，殊不知兩張紙條上都寫著「出價」，如果他們讓另一方抽，搭檔會假裝拿到的是「決定」。這樣每位受試者皆處於相同的實驗條件下，他們都必須提出合理的出價，否則就可能和搭檔一起喪失掉贏得獎金的機會。結果跟一般人想的不同，卻證實了科學家對於觸發效應的猜測。

那麼，兩組人究竟有何差異？在最後通牒賽局開始前幫一般照片和圖說連線的人中，有九十一％選擇了均分，即每人五美元；而將商業類照片和圖說畫線連接的人中，僅有三十三％選擇把錢平分，其餘的人都想留大份一點的錢給自己。

研究人員後續以實際物品取代照片再進行實驗。他們讓參加者進行最後通牒賽局時，房間內的長桌尾端上放有公事包和皮質文件夾，每張坐椅前則擺著鋼筆。另一組人進行實驗的房間內放著普通物件，像是背包、紙箱和鉛筆。這次一般物件組中百分之百的人都選擇把錢均分，但小組房間內有商業類物品的人只有一半的人這麼做。**受商業氛圍觸發的小組之中，有半數的人會想要壓榨另一方**。

實驗完成後，受試者被詢問爲何會這麼出價時，完全沒有人提起房間內的物件，反而是大談他們眼裡的公平。有些人描述到搭檔給他們的印象，聲稱這些觀感影響了他們的出價。

僅僅是視線裡出現了公事包和高級筆，就足以使有理性的常人改變行爲，變得更好強、更貪心，卻又不知所以然。要他們說明時，他們就自圓其說把自己的行爲合理化，理由錯得離譜卻信以爲眞。

同一群研究人員再用其他方式進行實驗，要受試者用字母塡空來拼字。同樣地，看過商業類圖像的人，七十％會把 c _ _ p _ _ _ tive 拼成 competitive（競爭的），而對照組僅有四十二％這麼做。如果看一段語意不明確、但描述兩人想達成共識的對話，看過商業類物品的人會視之爲談判，而對照組看到的是討論。在上述每一項實驗中，受試者的大腦都被潛意識的觸發效應所牽動。

幾乎周遭的每一樣物件都會在腦袋中誘發一連串快速聯想。你不是一部嵌著兩個相機鏡頭的電腦，現實也不處於隔離狀態，能讓你在裡頭客觀看著四周的一切。你不停用圍繞著感覺與知覺的記憶與情緒來建構現實，累加的結果就成了只存在你腦袋裡的意識。有些物件對你有特殊意義，像是國中死黨送的玩具戒指或姊姊爲你手織的毛線手套。而有些物件則有文化上或舉世皆然的共通意涵，像是月亮、刀子或一束花。無論你有沒有意識到它們的威力，這些都會對你造成影響，有時因爲潛藏在腦海深處，你永遠無法察覺。

此實驗的另一個版本只用到嗅覺。二〇〇五年荷蘭烏特列支大學的亞茲（Hank Aarts）請受試者塡一張問卷，完成後送一片餅乾酬謝。他讓其中一組人坐在有著清潔劑淡香的房間，另一組的房間則沒有特別氣味。在受清潔劑香氣觸發的小組中，有多達三倍的人會在吃完餅乾後隨手收拾乾淨。

而在傅德曼（Ron Friedman）進行的研究中，受試者可以看到運動飲料或是瓶裝水，但不准喝，結果發現看到運動飲料的人在體耐力測驗中表現較好。

大腦處於自動駕駛模式，還沒思考要怎麼行動之前，觸發效應的影響力最大。**當你不確定怎麼進行最好，潛意識就會冒出受觸發而來的暗示**。不僅如此，大腦很討厭曖昧不明，隨時都打算抄捷徑省得煩惱。若沒有擺明的路可走，你會退而求其次；當辨識不出模式時，你會自創模式。在前面的實驗中，沒有別的事物可讓潛意識定調，因此潛意識便駐足在商務用品或清潔劑香味上，由此滋生一些念頭。唯一的問題是受試者腦中並沒有意識到。

人無法自我觸發，至少不能直接來。觸發必須在潛意識中進行，更確切地說，必須發生在心理學家所說的適應性潛意識（adaptive unconscious）之內，那是一個幾乎難以接觸到的地方。你在開車時，適應性潛意識執行了數百萬件計算工作，預測每一刻並據以調適，諸如調整心情與動作。苦工由它來做，好讓你的意識保留實力，可專注在重要決定上頭。無論何時，你都在一心二用，一個用在高階的理性腦，一個用在低階的感性腦。

科普作家雷勒（Jonah Lehrer）在他的書《大腦決策手冊》（*How We Decide*）中對此有諸多著墨。雷勒認為這兩個腦袋同樣重要，彼此會溝通、會爭論要採取什麼行動。若是問題簡單，但涉及陌生變數，最好交給理性腦處理。問題必須簡單，因為人的意識一次頂多能應付四到九則資訊。舉例來說，請把以下這串字母按順序背出來：

RKFBIIRSCBSUSSR，除非抓到竅門，不然會很難背。現在把這些字母切割成容易消化的字串，像這樣：RK FBI IRS CBS USSR。別過頭去背背看，應該容易很多了，你只是把原本的十五則資訊縮減成五則。爲了更方便理解這個世界，你隨時都在分割資訊，把排山倒海而來的資訊刪刪減減，把現實世界精簡化。難怪文字的發明在人類歷史上數一數二重要，這樣才能做筆記，保存資料，不怕理性腦的容量有限。少了鉛筆、電腦、計算尺等工具，理性腦很難有用武之地。

雷勒主張感性腦比較早形成，因此演化程度高於理性腦，要做複雜決定時就需要用到，也適用於步驟繁複的反射動作群，像是翻跟斗與跳霹靂舞，邊彈邊唱不走音和洗牌。這些動作看似簡單，但步驟和變數太多，理性腦應付不來，所以要交給適應性潛意識處理。大腦皮質偏小或根本沒有的動物多半靠本能生活，因爲牠們較發達的感性腦通常或永遠居於主控位置。感性腦，或者說是潛意識，成熟又強大，能代表你的程度不亞於理性腦，但我們卻無法直接觀察到它的作用，甚至意識到它，只知道潛意識導致了本能和感覺，總是在心靈深處一起共治你的心智。雷勒最重要的論點是「人所知甚於所知」。**以為只有理智在當家是錯的，因為你的理智腦通常看不到潛意識的影響力**。針對本書我要加上另一個論點：人不覺己所不覺。

在潛意識這個幽微的角落裡，過往經驗總是被大量高速處理，這樣才能變成種種線索呈交給意識。多虧於此，熟悉的狀況都可以靠直覺處理。但若有新的狀況，你就必須召喚意識。下交流道駛入陌生地區時，長途駕駛的神遊魔咒必定得打破，生活的每個面向都是如此，人總是在感性與理性的影響之間，本能與採取行動之間，不斷來來回回。

在任何時刻，你眞實的自我都遠比自己所意識到的更爲龐大，更爲複雜。如果你的行爲是觸發效應的結果、是從適應性潛意識傳出該如何行動的暗示，你常會自圓其說地解釋自己的感覺、決定與考量，因爲你不知道是出於躲在大腦深層的潛意識發出的暗示。

當你擁抱你愛的人，一陣暖意湧上心頭，你主動做的這個行爲，促使了腦袋中演化較成熟的那個部分釋放出正面的化學物質。如果是由上而下的影響，你直覺認爲是很自然的事，不會覺得不安。

由下而上的影響就比較突兀。坐在公事包旁邊就會表現得比平常貪心，就像是有地下軍師在你耳際獻策，你的理性腦聽了，點頭同意。這一切太鬼鬼祟祟，所以令人費解，也讓你覺得毛毛的。試圖誘導你的人也相當了解這點，會避免讓你驚覺自己正受到操縱。觸發效應只有在你未意識到它的情況下才能收效，而仰賴觸發效應求溫飽的人則會小心不讓你逮到。

我們來看看賭場這個觸發效應的聖殿。走在賭場中，到處都有鈴聲和音樂響起，錢幣掉到金屬桶內嘩啦啦作響，在在暗示著金錢與富裕。更厲害的是，賭場也很清楚環境的力量。一旦進入賭場，就完全看不到任何和時間相關的東西，有廣告就一定是有加乘觸發效果的廣告，也沒有讓你離開去睡覺、去吃飯等等的理由。外界的觸發，統統都不允許存在。

可口可樂誤打誤撞發現了聖誕老公公的觸發魔力，讓你在買飲料時，潛意識裡會浮現兒時歡樂與家人團聚的聯想，所以要選擇可口可樂，不買他牌汽水。超商注意到剛出爐的麵包香味會觸發顧客購買更多食物，營業額因而增加。食品加上「全天然」字樣或是出現田園與農作物的圖片，會觸發你想到大自然，阻絕你聯想到工廠與化學防腐劑。有線電視台與大企業透過品牌標誌觸發潛在觀眾，好在你給他們打分數之前先討好你。製片廠耗資數千萬做預告片與電影海報打造第一印象，好在開演前就讓你期待及喜愛他們的電影。餐廳的裝潢營造出高級用餐地點、迷幻嬉皮風等氛圍，讓你還沒吃就先愛上他們的起司條。**廣告商從現代生活的各個角落對你的潛意識發動攻勢，企圖觸發你的消費行為，好幫他們的客戶賺銀子**。

企業界比心理學家更早發現觸發效應，但當心理學家開始探索內心，就發現行爲自動化的例證愈來愈多，甚至到了今天，我們還是不確定人類有多少行爲是受意識控制。

眞正在駕駛的是誰？這問題隨著巴格（John Bargh）一九九六年在《性格與社會心理學》（*Journal of Personality and Social Psychology*）期刊所發表的一系列研究而變得更加複雜。

他要紐約大學的學生重組三十個包含五個英文字的句子，他說他想研究學生們的語言能力，但其實他是要研究觸發效應。他將學生分成三組，一組重組含有攻擊性與無禮字詞的句子，例如無恥、打擾和魯莽，一組重組禮貌性的字詞，像是氣質與乖巧，第三組作爲控制組，解讀喜悅、準備與運動等一般字詞。

研究人員向學生解說測驗方式，請他們做完後來領取第二份測驗，但這時才是要做眞正的實驗。當學生來找研究人員時，會發現有個看不懂字謎的受試者正在與研究人員講話，其實那是工作人員假扮的。研究人員完全不理會學生，直到學生主動來打斷，或等十分鐘對話結束才理他。

結果呢？重組禮貌字詞的小組平均等候了九．三分鐘才打岔；中性字詞組等了大約八．七分鐘；解讀粗魯字詞的小組等了約五．四分鐘。令研究人員意外的是，禮貌字詞組中超過八成的人等滿十分鐘。粗魯字詞組的人僅有三十五％沒打岔。受試者在實驗之後接受訪談，他們說不出自己爲何選擇等待或打岔。他們根本沒想過這個問題，在他們的認知裡，自己的行爲並沒受影響，認爲自己未受到英文字所左右。

在第二個實驗中，巴格讓參加者重組包含退休、皺紋與玩賓果等與老年相關字詞的句子，然後在他們離開時，計算走到電梯口的時間，並和走進來時花的時間做比較。結果他們多花了一、兩秒走完這段路。就如同粗魯字詞組，老年字詞組同樣受到字詞的涵義影響。爲了確認這眞的是觸發效應的結果，巴格重複做這個實驗，然後又得到相同的結果。在進行第三次時，他讓控制組重組悲傷的相關字詞，用以確認參加者並非因爲鬱悶之故而放慢腳步，這次步伐最慢的依然還是老年字詞組。

巴格另外一項研究是讓一些白人坐在電腦前塡無聊的問卷，在每一部分開始前，會有黑人或白人的照片閃過螢幕十三毫秒，速度快到參加者的意識來不及捕捉。問卷完成後，電腦螢幕故意出現錯誤訊息，告知參加者必須從頭來過。那些看到黑人臉孔的受試者比看到白人照片的更加憤怒。即使他們自認沒有種族歧視或對黑人有負面的刻板印象，念頭仍存在他們的神經網絡內，他們受潛意識觸發而舉止異於平常。

關於觸發效應的研究讓我們了解到，人在認眞追溯自身行爲的原因時，會遺漏掉許多、搞不好是大多數的影響因素，它們就像船身底下附著的藤壺一樣，堆積在你的自我上。觸發效應一旦被察覺就無法作用，但你的注意力不可能同時注意四面八方。所以今後像是語言、色彩、物品、性格以及受到你的生活或所屬文化賦予意義的事物，仍會在潛意識裡左右大部分的所思、所感、所爲與所深信。**有時這種觸發是無意的，有**

時是有人故意設計來混淆你的判斷。當然你也可以選擇成為觸發效應的使用者。你可以在面試時用服裝來觸發雇主，你也可以利用派對的氣氛觸發賓客的情緒。一旦你明白觸發效應是現實生活的一環，就能理解儀式、習俗、常規與意識型態多麼具有力量，多麼根深柢固。之所以會出現設計來觸發的系統，正是因爲收效良好。就從明天開始，你或許可以利用一個微笑或一句謝謝來影響其他人的情緒，讓對方心情大好。

千萬記住，當你在自動駕駛狀態或身處於陌生環境時，最容易接受暗示。如果你有帶張購物清單去超市，最後比較不會推著一大車本來沒打算買的東西去結帳。如果你疏於整理，讓你家不知不覺變得雜亂，你可能會受到影響而更加不注重整潔。正向循環只會讓你的生活愈來愈好。你無法直接觸發自己，但可以讓環境有利於形成想要的心理狀態。就像實驗中在桌上放公事包，或讓房間裡飄散清潔劑香味，可以在家裡擺一大堆可以觸發特定意義的物品，又或者沒有分外之物，也能是一種意義。總之，在最沒有防備時，這些聯想可能會推你一把。

盲點 2

不知道原因就會自動編一個。⬇錯構（虛談症）

✕ 誤解　你知道何時在對自己說謊。

〇 真相　你常常不了解自己的動機，但會虛構故事來解釋自己的決定、心情和過去的經歷，卻渾然不覺自己在這麼做。

電影開演前看到螢幕上打著「根據眞實故事改編」時，腦海中會浮現什麼想法？你會以爲每一句台詞、每一件服裝和每一首背景音樂都和眞實事件發生當時相同？當然不會。你知道電影《珍珠港》（*Pearl Harbor*）、《永不妥協》（*Erin Brockovich*）把事實改編了，形塑成一個有頭有尾有連貫的故事。即使是描述仍在世的音樂家與政治家的傳記電影，也不會呈現百分之百的事實。有些事件不會提，或是把幾個人物融合成爲一個角色。你在看片時會認爲，影片要傳達的理念和故事主軸才是重點，細節則無傷大雅。

要是你在回顧腦中的自傳電影時也這麼理智就好了，但是你沒有這麼聰明。你要知道，在你腦袋中上演的情節和電影一樣「戲劇化」，科學家知道這一點已經很久很久了。

這一切都源自大腦想填補空缺的慣性。

請把兩個大拇指併攏擺在眼前。閉上左眼，然後慢慢把右拇指水平移到你的右邊。有注意到什麼嗎？大概沒有。這一條路線上有一處是盲點，也就是你的視神經離開視網膜的地方。你的雙眼各有一個盲點，在這個區塊中你什麼都看不到。這個區塊也比你想的大，大約占全視線的二%。如果你想親眼「瞧瞧」，拿一張白紙在上面畫個五元硬幣大的點，然後向右隔個五公分再畫一個一樣的點。閉上左眼後盯著左邊的點，把紙拿靠近，一直到右邊的點消失。這就是了，你找到了一個視線盲點。

現在單眼閉著環顧你所在的地方，用這一頁上的字試試看。注意到什麼了嗎？你的視野裡會不會有一大塊缺口？並不會。你的大腦用了一點影像處理技術填補了。不管這個盲點的周圍是甚麼，都會被複製、貼上缺口，這是自動產生的視覺幻術。你的大腦在說謊，而你在處理很多問題時也一樣會自欺。

大腦在你不知情的情況下時時刻刻都在填補盲點，同理，你的記憶與推理出現缺口時，你自己也會填補。

你是否曾在講述一件很久之前和別人一起做過的事時，大家打斷你說：「不對啦，你說錯了！」你說你是在耶誕派對上手拿著聖誕襪表演《Lost檔案》影集的完結篇，大家卻說是復活節才對。你記得當時有拆禮物也喝了蛋酒，但大家信誓旦旦地說是蛋才對，甚至連演的人也不是你，而是你表弟，當時大家還拿巧克力兔來扮演劇中的黑煙怪物。

想想這種情況發生的頻率，如果你是和喜歡當糾察隊的人交往的話，尤其會如此。假使你把所有行爲錄影下來，有沒有可能鮮少與自己的記憶相符？你看到某些舊照片會目瞪口呆，因爲拍攝地點已完全不復記憶。想想那些父母提起但你完全沒有印象的兒時回憶，或是他們講的和你記得的版本不一樣。儘管如此，你依然覺得自己的記憶與經歷很連貫，雖然細節遺失了，但無損你人生的全貌。但全貌這件事是個幌子，是潛意識不斷在錯構的加持下加總而成，成爲你的故事、你的經驗和人生哲學。

這類情況發生的次數太頻繁了，你深信不已的過往到底有幾分的眞實性，實在說不準。你不能確定自己此刻怎麼會在翻這本書，而不是瑟縮在街角受苦或是揚帆環遊世界？爲什麼當初不敢把她吻下去？爲什麼會對母親說出那麼可惡的話？爲什麼買那台筆電？爲什麼要氣那個傢伙？關於你自己的眞相爲何，而你又爲何會成爲今天的你？

要理解錯構，我們必須找外科醫生幫忙動手術，當三不五時出現藥石罔效的極端病例時，醫生必須對半切開病患的腦，他們的發現十分精采。

若想對人腦的大小與左右腦有概念，請將兩手往前伸並握拳相對。然後將兩手靠攏，如果有戴戒指，戒指這時是朝上的。一個拳頭代表半邊的大腦。兩個半腦透過一連串稱爲胼胝體（corpus callosum）的神經元密切溝通。想像你握拳時兩手各抓一大把紗線，紗線就是你的胼胝體。切開胼胝體（通常是在癲癇症非常嚴重，無藥可治，影響到正常生活時不得已才進行的手術）就像小心地把紗線剪斷，讓左右腦之間斷訊，好讓病患盡可能正常生活。

左右腦分離的病患外表看來很正常，能夠做工作，也可以進行相當程度的交談。但研究人員透過左右腦分離病患的案例深入探索後，發現兩個腦半球各自的優缺點。自一九五〇年代起，針對手術病患的研究大幅揭露了大腦運作的面紗，但與本篇主題最密切的發現是病患能夠快速捏造出全然的謊言，而且堅信不移地視爲眞相。這稱爲裂腦錯構（split-brain confabulation），但是人不需要分裂大腦就能進行錯構。

你認爲自己只有一顆腦袋，但就很多方面來看，你其實有兩個腦。想法、記憶與情緒層層貫穿全腦，但有些任務某一邊大腦會處理得比另一邊好。比方說語言通常是由左半腦在處理，但接著會在兩邊來回穿梭。當兩個腦半球之間的聯繫被切斷，這種傳輸就會中斷，然後問題就來了。

加州大學聖塔莫尼卡分校的心理學家賈桑尼加（Michael Gazzaniga）與司貝瑞（Roger Sperry）一樣，是率先把裂腦病患的研究記錄下來的科學家。其中一項實驗讓受試者觀看電腦螢幕中央的十字，然後讓「卡車」這個詞只有在左邊閃過。研究人員之後問他們看到甚麼。左右半腦相連的人當然會說出「卡車」，而兩半腦分裂的人會說不知道。但神奇的是，接著請他們用左手畫出先前所見影像時，他們卻能輕易地畫出卡車。

眞怪，右手竟然是由左腦控制，而左手受右腦控制。左視野內看到的訊息會斜對角穿入右腦半球，反之亦然，腦分裂後這些神經並沒被切斷。[1]

對一般人來說這不構成問題，因爲單邊的腦接收並思考的訊息能夠傳遞至另一邊。但科學家在左眼呈現影像時，裂腦者卻無法說出所見爲何，因爲語言中樞不是位於處理這個影像這邊的腦袋（左視野所見傳入右腦）。負責使用語言並傳遞至嘴邊的這一半大腦（左腦），無法告訴握筆的另一半（管左手的是右腦）所見爲何，然而看見影像的這一半腦袋（左視野所見傳入右腦）卻能畫出來（右腦控制左手）。一旦畫了出來，左腦（用右眼）也一起看見了，裂腦人就能說（語言中樞在左腦）出：「噢，是輛卡車。」正常人穿梭胼胝體的溝通在這種情況下必須變成在紙上進行。

這是發生在裂腦病患身上的情況，但同樣的事也發生在你腦內。你的左腦負責將思想轉化成語言，然後把話傳送至嘴巴。從早到晚，你右腦的所思所想都在用你沒察覺的隱形對話與左腦分享。在生物學上，這是錯構產生的源頭，而且能夠在實驗室中證明。

若讓裂腦人同時看兩個詞彙，例如左邊是「鐘」，右邊是「音樂」，接著請他用右手指出四張照片中哪一張有他所見的物品，他們會指向有鐘的圖片，不會指呈現鼓手、風琴和小喇叭的另外三張照片。當他們被問到爲何選擇鐘的圖片，我們就可見識到錯構的神奇力量；有個裂腦病患說是因爲他最近一次聽到的音樂是大學校園裡的鐘聲。明明是左眼見到鐘字，所以右手才會指出來，但因爲右眼看到「音樂」，便製造合理化的說詞解釋爲何沒有選其他跟音樂更相關的圖片。

掌管說話的左腦看到鐘被指出來，不是回答不知道原因爲何，而是編個理由。右半腦也沒有比較聰明，也就將錯就錯。**這些受試者沒有故意說謊，因為他們信以為真，自欺欺人卻不知自己正在這麼做**。他們從未懷疑或認爲自己在騙人，就跟你我一樣。

在某個實驗中，請一位裂腦人執行一項只有右半腦能看到的動作指令，左腦也出現找理由解釋的現象。當書面給出「走路」的指令時，受試者站了起來，實驗人員詢問他們爲何起身，他們回答：「我想去拿飲料。」另一項實驗只對右半腦呈現暴力畫面。受試者把他們的緊張不安歸咎於房間的擺設。深層的情緒中樞仍可和兩邊的腦通話，但只有左半腦有能力描述浮出來的內容。這種裂腦錯構多年來已經過多次實驗證明。當左腦不得不去辯護右腦的所作所爲時，常會虛構故事，然後兩邊的腦袋都照單全收。

不過請記住，你的大腦也以同樣的方式在運作，只贏在兩個半腦有相連，有助於減少誤解，但誤解還是可能偶爾發生。心理學家魯利亞 (Alexander Luria) 將意識比喻成一支雙人舞，帶舞的是左腦。既然是左腦在作全部的發言，有時就得負責解釋所有的事。人對自己的每個行爲有創造幻想的傾向，然後相信自己的說法，裂腦錯構只是一個比較極端、比較嚴重的版本而已。**你的天性中就包含了錯構。你總在跟自己解釋行為背後的動機、生活現況為何會如此，你不知道答案時就會不知不覺捏造一個**。久而久之這些解釋成爲你對自己的認知，以及在這個世界上的定位。這就是你的自我。

神經學家拉瑪強君 (V. S. Ramachandran) 曾經遇到一位裂腦病患，左腦相信上帝的存在，而右腦持無神論。他形容這名病患就像是一個軀體住著兩個人，有兩個自我。拉瑪強君相信自我意識是部分鏡像神經元 (mirror neurons) 的作用。見到有人受傷或哭泣、有人在抓手臂或笑，這些複雜的腦細胞群會啓動，讓你感同身受，幾乎也感覺到痛或癢。鏡像神經元讓你擁有同理心，能幫助學習。近年來學界更發現，人在自己做此事情時也會啓動鏡像神經元，彷彿腦袋的一部分像個局外人在觀察自己。

你說給自己聽的故事形塑了你。回顧過去時，你信心滿滿地看到生命史中的許多人物和場景，而你就是「我是誰」這個故事的大主角。這全是一場偉大又美麗的錯構，但少了它，你就無法正常生活。

在生活中，你會想像很多不是實際體驗的未知與未來。讀到新聞報導與非文學書籍時，你可以幻想出發生的情景。回憶自己的過去時，你立刻就可以想得出來，那其實是個半真半假的白日夢，但你連對細節都深信不疑。假如叫你舒舒服服坐下來，想像自己正在揚帆環遊世界，停在一個又一個港口看盡全世界的奇景，從巴黎到印度、從柬埔寨到堪薩斯等，要想得多細節都可以，但你知道這都只是想像罷了。有些腦部嚴重錯亂的患者卻分不清哪些是自己的錯構。

✡ 失憶症（科爾薩科夫症候群，Korsakoff's syndrome）患者遺忘近期發生的事件，但能想起過去。他們編造故事塡補最近的回憶，並且深深相信。如果你問失憶症患者最近幾個禮拜都去哪兒了，他們或許會說自己在醫院的車庫工作，必須回去上工，但實際上他們是每天去那家醫院接受治療的病患。

✡ 病覺缺失（Anosognosia）患者癱瘓了卻不承認。要他們用癱瘓的手臂去拿糖果，他們會告訴醫生和親友自己有嚴重的關節炎，該考慮認眞減肥了。他們扯謊，卻不知道自己在說謊；自欺，卻又眞心相信。

✡ 患有卡普格拉妄想症（Capgras delusion）的人認爲親朋好友都是騙子冒充的。你見到認識的人時，腦中的某個部分會產生情緒反應，但患者的大腦這部分無法正常運作。他們能認得親友，但激發不起情感，於是編造理由來解釋自己的疑惑，並且信以爲眞。

✡ 有老年妄想症（科塔德症候群，Cotard's syndrome）的人以爲自己已經死了，覺得自己是鬼魂。有些患者甚至病情太嚴重，而活活餓死。

正如密西根大學的涅斯比（Richard Nisbett）與威爾森（Timothy DeCamp Wilson）在一九七七年發表於《心理學評論》（*Psychological Review*）期刊的研究，心理學家長久以來認爲人類意識不到較高階的認知過程。他們在論文中質疑內省的概念，認爲人類鮮少能意識到長久以來、甚至是在一天當中造成反應的眞正刺激爲何。他們的一項研究要求受試者回答母親的娘家姓氏。

你也來試試看。你母親的娘家姓氏是甚麼？

研究中下一道題目是：你是怎麼想到的？

你是怎麼想到的呢？

你也不知道，就是想到了。即使你常覺得可以理解自己的想法和行爲、情緒和動機，但自己的思路絕大部分時候是參不透的。內省時，永遠回想不起一些思考的步驟。即使如此，你還是會以爲自己眞的知道、眞的可以回憶起全部的細節，這就是編造故事的開始，也就是爲何錯構能成爲幫助你理解自己的工具。

心理學家密勒 (George Miller) 曾說：「意識裡主動會出現的是思考的結果，不是思考的過程。」換言之，從很多方面看來，你只是在報告腦袋的產物，並不是在指揮腦袋運作。意識流是一回事，要回想它發生的過程卻是另一回事，但你通常會把這兩者混爲一談。這是心理學與哲學中最古老的觀念之一：現象學 (phenomenology)。這是學者針對心理學能夠洞悉人心到何種程度最早辯證的主題之一。心理學家自二十世紀初起就陷入一道難題：主觀意識在何種程度上無法與他人分享？舉例來說，紅色看起來是怎麼樣？番茄聞起來是怎麼樣？踢到腳趾頭的感覺是怎麼樣？要是得向從來沒經歷過這些事物的人形容，你會怎麼說？會怎麼向出生就全盲的人描述紅色，或是向從來沒聞過新鮮番茄的人描述這種氣味？

這些稱之爲「感質」(qualia)，是經驗可以探鑽的極限，再下去就是穿不透的銅牆鐵壁。大多數人見過紅色但描述不來，就是明顯的例子。你對經驗的解釋可利用感質來表達，但無法再更深入了，這些是難以言傳的意識基石。你只能用與其他經驗的比較來解釋，但就是不能對他人甚至自己完整描述感質經驗。

腦內在運作的事比你能觸及的要多的多。銅牆鐵壁之下還有超越你能掌握的複雜運作，那些都在影響你的所思所感。某些行爲是從古老的行爲前身演化而來，是數萬代的人類爲了生存及繁衍代代相傳下來的慣性。下雨天你想睡個午覺，可能是因爲你的祖先在相同條件下就會尋找庇護。有些行爲的動機可能來自於你沒留意到的事物。你不知道自己爲何感恩節晚餐才吃到一半，便想要閃人，但你當時有想出了一個當下聽來合理的解釋。現在回頭去看，你的解釋可能會改變。

哲學家丹奈特 (Daniel Dennett) 將這種觀看自我的方式稱爲他者現象學 (heterophenomenology)。基本上，他建議當你解釋自己爲何有此感覺、有此行爲之時，要像是在聽別人描述前一晚的約會一樣，要打個折扣。聽別人說故事時，你會預期有某種程度的加油添醋，也知道他們只是在告訴你對事情經過的看法。同樣地，你認爲眞相似乎爲何，過去的事情似乎是怎麼一回事時，也應該要持保留態度看待自己的認知。

在密勒與丹奈特的論文中，兩人引用了許多研究，在在指出人可以意識到自己的想法，但卻不知想法從何得來。儘管如此，受試者都很會提出解釋或是反省，卻找不出眞正的原因。例如，兩組人在進行一項記憶任務時受到電擊。實驗結束後兩組人都被要求再進行一次任務。其中一組被告知第二回合的電擊對於探究人類心智很重要，另一組被告知下一輪電擊只是用來滿足科學家的好奇心。結果第二組的記憶任務表現較佳，因爲他們必須找出讓自己繼續下去的動機，也就是相信電擊不痛。比起第一組，他們更相信電擊不會痛，至少事後被訪談時如此表示。

另一項研究是向兩組表示很怕蛇的人播放蛇的幻燈片，一邊讓他們聽到以爲是自己心跳的聲音。其中一組不時會看到幻燈片上秀著「電擊」二字。他們看到這張幻燈片時會被輕微電擊，同時研究人員會故意把耳機裡的心跳音量調大。之後他們被要求抓蛇時，比沒有看到電擊字樣及聽到假心跳的小組更願意嘗試。他們開始深信電擊比蛇更可怕，因爲有這個省思，他們變得眞的比較不怕蛇。

涅斯比與密勒在一家百貨公司裡頭進行實驗，他們把一隻隻絲襪並列排好，有人經過時，研究人員就詢問這四隻一組的絲襪中，哪一隻品質最好，五人中有四人選擇右手邊的絲襪，但其實每隻都一模一樣。被問到評比的理由時，受試者會提到質地或顏色，但都不會提到擺放的位置。研究人員進一步詢問陳列次序是否影響他們的選擇時，他們也保證絕無關連。

在上述以及其他諸多研究中，受試者從來沒說不知道自身感受與行爲的原因。他們不會因爲不知道原因就覺得深陷五哩霧，而會去找理由把自己的想法、感覺與行爲合理化，完全無視大腦的運作方式。

你怎麼區分哪些是幻想，哪些是現實？又怎麼確定過往的記憶與此時此刻的認知不是虛構？若肯承認自己沒辦法，反而能夠海闊天空。沒有人有辦法，但我們還是活得好好的。你以爲的你就像是根據眞實事件改編的電影，這不見得是件壞事。細節或許經過美化，但大體來說還是個値得一聽的好故事。

1 精確地說，右腦半球從左側視野獲得訊息，不只是左眼。右側亦然。左側視野一部分能透過右眼看見，就在鼻子附近。

盲點 3

告訴大衆他們已經知道的就對了。⬇肯證偏誤

× **誤解** 你的見解是經過多年來理性客觀的分析而形成。

○ **真相** 你的見解源自多年來只注意那些支持你想法的訊息，忽略和你的認知唱反調的訊息。

你是否曾經跟人聊天突然講到老電影的情節，像《橫掃千軍》(*The Golden Child*) 或者記憶更久遠的電影？

你聊得很開心，還背得出幾句對白，也納悶某些演員的去向，因爲後來都沒有再看到他們的演出了，然後就忘了這件事。

直到……

有天晚上隨便轉台，突然之間，竟然看到《橫掃千軍》在重播。眞是奇了。第二天你看報紙時，一篇報導竟沒來由地提到被淡忘的一九八〇年代電影。媽呀！有三段就是在講《橫掃千軍》。當晚在電影院裡看到艾迪．墨菲（《橫掃千軍》的主角）新片的預告，然後在街上看到他哥哥要來表演單人脫口秀的巨幅廣告，接著又收到朋友寄給你娛樂八卦網站的貼文連結，裡面有《橫掃千軍》女主角的近期照片。

這一切是怎麼回事？莫非是宇宙有什麼訊息要傳遞給你嗎？

非也，這些都是肯證偏誤在作祟。

自從那次和朋友聊到電影的碰面之後，你已經轉台千百次，也路過無數塊廣告看板，也看了不下幾百則名人八卦，更接觸到不少電影預告片。

情況是這樣的，你並沒有把其他與《橫掃千軍》無關的資訊放在心上。在浩繁龐雜的資訊中，你只注意到與腦袋最新資訊相呼應的訊息。但往前推幾個禮拜，艾迪．墨菲和他的西藏之旅就湮沒在你腦袋裡成堆的綜藝新聞底下，你根本不會特別注意和他相關的消息。

正打算買新車，突然間街上開新車的人還真多。剛結束一段愛情長跑，好像走到哪聽到的都是情歌。即將迎接新生兒，就會到處看到小寶寶。肯證偏誤就好像透過濾鏡在看世界。

上述例子都還是這種現象的被動版本，麻煩就麻煩在，在你主動尋求事實時，肯證偏誤也會出來攪局。

名嘴就是建立在肯證偏誤的行業。親共和黨的林博 (Rush Limbaugh) 與反共和黨的歐柏曼 (Keith Olbermann)、保守派的貝克 (Glenn Beck) 和自由派的赫芬頓 (Arianna Huffington)、梅道 (Rachel Maddow) 和蔻特 (Ann Coulter) 這些人，各自替各派意見提供柴火，把世界先過濾一遍好符合自己的成見和世界觀。如果他們的濾鏡和你的很像，你就喜歡聽他們說；如果道不同，你就聽不下去。你看他們評論不是想要獲得資訊，而是想要肯定自己的想法。

小心了，人們都喜歡聽到自己已經知道的事情。記住這點。你告訴別人新的東西會讓對方不自在。新事物……嗯，新事物不是他們想聽的。他們想聽到像是狗會咬人這種事，這是狗會做的事，他們不想聽到人咬狗，因為這不合道理。簡言之，人們以為自己想要的是新聞，但其實渴求的是舊聞，告訴大眾他們已經知道的事就對了。

出自英國作家泰瑞．普萊契 (Terry Pratchett) 的小說《真相：淺碟世界》(*The Truth: a Novel of Discworld*) 中領主凡提納瑞之語

二〇〇八年美國總統大選期間，orgnet.com 網站研究員克雷布斯 (Valdis Krebs) 分析了亞馬遜網站上的購書趨勢。原本就支持歐巴馬的人會購買給他正面評價的書籍，原本就不欣賞他的人則會購買給他負面評價的書籍。就像聽政論名嘴一樣，消費者不是爲了新知而買書，而是買書來爲自己的見解背書。克雷布斯多年來研究了亞馬遜的消費趨勢和社群網站上的群聚習慣，他的發現符合心理學家對肯證偏誤的預測：**大家都希望自己沒有看錯世界，因此會主動尋找和自己所見略同的觀點，不去看唱反調的證據與評論**。

半個世紀以來的研究指出，肯證偏誤是最大的心理絆腳石。記者若要作報導，必須避免自己忽視反面證據的慣性；科學家若想驗證某種假說，必須避免自己設計出不利他種結果出現的實驗。沒有肯證偏誤加持，陰謀論就會無法成立。眞的有太空人被送上月球嗎？如果你刻意蒐集反面的證據，你也找得出來。

明尼蘇達大學的史奈德 (Mark Snyder) 與坎特 (Nancy Cantor) 於一九七九年進行一項研究，請參加者閱讀某個人一生中某一週的生活狀況，這位虛構的女性叫做珍，在這週內，她在某些情況下的表現很外向，某些情形下又算內向。幾天後，受試者回到實驗室。研究人員將他們分成兩組，請他們幫忙決定珍是否適合某項職務。其中一組要評估她是否適合當圖書館員，另一組要看她是否適合當房屋仲介。圖書館員那組人只記得她比較內向，房屋仲介那組人卻只記得她比較外向。之後再問他們珍是否適合另一組在討論的職務，受試者會堅持原先的判斷，認為珍不適合另一組在談的工作。**這個研究告訴我們，連回憶事情時都會被肯證偏誤妨礙到，就算是才剛剛形成的看法人也會想支持，而且自動忘記會牴觸的資訊**。

俄亥俄州立大學二〇〇九年的一項研究顯示，人們會多花三十六％的時間閱讀和自己意見相同的論文。另一項二〇〇九年的研究則播放政治諷刺模仿秀《柯柏特報告》(*The Colbert Report*) 的片段給受試者觀看，表明立場為保守派的人一律覺得「柯柏特只是假裝搞笑，其實說的都是認真的」。

從不去刻意尋找對立意見，加上長期看自己訂閱的雜誌、購買的書籍與選擇的電視節目，漸漸地你對自己的世界觀極具信心，誰也無法動搖。

別忘了，這世上總是會有媒體為了賺廣告費，鎖定那群想要自我肯定的觀眾或讀者，製作出迎合他們的內容。你是否也是那群人之一呢？在科學的世界裡，蒐集和探索反面的證據，真相才會愈辯愈明。人的見解或許也是一樣的道理。

盲點 4

我就知道他們會輸球。⬇後見之明偏誤

✕ **誤解** 你得知新資訊後會記得自己先前的無知與錯誤。

○ **真相** 你常在回顧剛得知的資訊時，以為自己一直以來都是這樣想的。

「我就知道他們會輸。」

「這完全是我預期會發生的事。」

「我早料到事情會這樣。」

「那不過是常識。」

「我猜到你會那樣講。」

類似的話你說過多少次，而且深信不疑？

事情是這樣的：你常會編輯記憶，這樣當意料之外的事情發生時，才不會顯得自己太笨。你希望自己一直以來都知道這些剛剛才得知的事情，會直接假裝你本來就知道。這種傾向不過是人性的一部分，稱爲後見之明偏誤。

請看一項研究的結果：

哈佛大學一項近期研究顯示，年紀增長會使人更加執著於舊觀念，更難接受和已知相衝突的資訊。此發現似乎在暗示老狗確實學不了新把戲。

你早料到這個研究結果會這樣，你從小就知道了，這是常識。

再看另一項研究：

亞伯達大學的研究指出，年齡較大的人由於累積較多智慧，加上數十年來吸收各種媒體資訊，累積豐富知識，因此跟大腦仍在發育的十八歲青少年比起來，更能輕鬆提前念完大學。此發現顯示活到老可以學到老。

咦，等等，這好像也是常識。

那麼哪一個才對？老狗學不了新把戲還是薑是老的辣？

其實這兩個研究都不存在，是我編出來的。（引用假研究是證實後見之明偏誤的普遍方法。）兩者在你看來都可信，因爲**在獲得新知時你會迅速竄改過去，覺得自己是對的可以讓你感到很舒坦**。

現在任教於奧斯陸大學的泰根（Karl Teigen）於一九八六年進行一項實驗，請參加的學生評估常見諺語。當受試者讀到「人不可貌相」之類的諺語，他們多半會認同其中的道理。你認爲呢？說「人不可貌相」有道理嗎？你能就個人經驗舉出實例證明嗎？再看這句話：「如果看起來像鴨子，游泳起來像鴨子，叫起來像鴨子，那應該就是鴨子了。」聽起來也是常識，對吧？那麼哪一個才對？

在泰根的研究中，大部分的人會認同所有讀到的諺語，即使彼此互相矛盾。請學生評估「愛比恐懼更強大」，他們會認同。給學生讀相反的句子「恐懼比愛更強大」，他們也認同。他想點出人們以爲是常識的事經常不是常識。當學生、記者、甚至是外行人聽到科學研究的結果會說「對啊，的確是如此」，泰根指出這只是後見之明偏誤在作祟。

你無時無刻不在回顧過去的自己，不斷重新建構人生故事的細節以和今日的你相吻合。人類自狩獵維生與逐水草而居以來，就需要保持條理才能好好生活，腦袋一亂就很難運作，然後可能會被野獸吃掉。人一旦從錯誤中學習，或用正確資訊取代錯誤後，保留垃圾就沒什麼用了，所以會把它刪除。刪除舊的錯誤想法有助於把思緒整理乾淨。你的確是在對自己說謊，不過出發點是好的。你對一項主題知道多少、當下能想到什麼，你就照單全收來建構心智模型。

尼克森總統訪問中國前夕，有研究員詢問民眾總統此行發生特定事件的可能性。行程結束後，這些人在結果已經揭曉的情況下，以為自己的預測要比實際上更準確。相同的情況，在九一一事件後，很多人預料會有另一起恐怖攻擊，後來沒有發生，當這些人回想自己的預測時，也誤以為自己當初對新攻擊的預測低了許多。

後見之明偏誤是可用性捷思 (availability heuristic) 的近親。人們很容易把趣聞和聳動新聞看得太認真，但實際上發生機率沒那麼高。如果你看到新聞報導了多起鯊魚攻擊人的事件，你會想：「天哪，鯊魚群開始作亂了。」但你應該想的是：「天哪，記者眞是愛報導鯊魚攻擊事件。」可用性捷思則指出人傾向於根據手邊現成的資訊來做決定與思考，而忽略別處可能有的其他訊息。後見之明偏誤也是同樣的道理，你根據現在而不是過去知道的事來思考與下決定。

有了後見之明偏誤的概念，下次政客與生意人高談起他們以前的決策時，你就懂得保持合理的懷疑來防備。還有啊，下次在網路跟人筆戰、跟戀人或另一半鬥嘴時，記住，對方是眞的認爲自己從來都沒有錯，你也是一樣。

盲點 5

鐵達尼沉沒的十四年前就有小說家預先寫出來了。⬇ 德州神槍手謬誤

誤解 在決定因果關係時，你會把隨機發生的可能性考慮進來。

真相 當結果看似有意義，或你希望某個偶發事件具有意義時，你會很容易認為事情不可能是隨機發生。

林肯 (Abraham Lincoln) 與甘迺迪 (John F. Kennedy) 都是美國前總統，當選時間相差一百年，兩人都是被殺手狙擊身亡。兩名殺手的全名都是十五個字母，也都在審訊前死亡。你心裡有沒有毛毛的？更巧的還在後頭：甘迺迪有位叫做林肯的祕書；兩位總統都在星期五被刺殺，當時妻子都坐在旁邊；林肯在福特劇院中槍，甘迺迪則是在由福特製造的林肯汽車內中槍；兩位的繼任者都叫詹森，分別是一八〇八年出生的安德

魯．詹森 (Andrew Johnson) 與一九〇八年出生的林登．詹森 (Lyndon Johnson)，又是差了一百年。這種機率有多大？

摩根．羅伯森 (Morgan Robertson) 在一八九八年出版的小說《徒勞》(*Futility*)，寫在鐵達尼號沉沒的十四年前，甚至比這艘船開始建造還早了十一年。但書中情節和實際沈船經過的雷同處令人不寒而慄。小說是描述一艘每個人都認爲絕對不可能沉沒的巨型郵輪泰坦號 (Titan)，它是全世界最大的船，內部宛如五星級飯店般豪華，一如當時還未開始建造的鐵達尼號。泰坦號只配備二十艘救生艇，大約是船難時所需數量的一半；鐵達尼號有二十四艘，也大約是所需量的一半。小說中的泰坦號是四月份在加拿大東北角紐芬蘭的四百浬外撞上冰山，十幾年後的鐵達尼號也是在同月份同地點發生同樣船難。泰坦號上超過半數的乘客罹難，鐵達尼號也是。書中的罹難者人數和後來發生的眞實船難幾乎一樣。相同點不僅於此，虛構的泰坦號和眞實的鐵達尼號都有三組螺旋槳與兩根桅杆，兩艘船都可搭載三千人，都是在接近午夜時撞上冰山。摩根．羅伯森有預知能力嗎？未免太巧了！

十六世紀諾查達姆斯 (Nostradamus) 以拉丁文寫成的四行預言詩：

飢餓的野獸將越過河川，

迎戰希斯特。
當日耳曼之子目無法紀，
偉人將陷牢籠。

這挺詭異的，好像是在描述大約四百年後崛起的納粹頭子。再看另一則預言：

西歐最深處，
貧民之子將誕生，
以言語惑眾，
在東方帝國名聲日隆。

哇，希斯特聽起來就像希特勒，第二首詩的隱喻更是昭然若揭。其實諾查達姆斯有許多預言都是關於一個日耳曼人發動大戰，而此人最後死因不明。未免太巧了！

如果你覺得這一切巧得不像話，離奇得不可能是隨機，吻合得不能說是機率，你其實沒有那麼聰明。請容我解釋。

好比你要出門約會，約會對象竟說和你開同一種車，顏色不同但款式相同。噢，滿巧的，但這還不算稀奇。

接著你得知對方母親的名字和你母親一樣，兩位媽媽的生日也在同一天。酷耶，也許是命運之神有心要將你倆送作堆。後來你發現你倆都有《蒙蒂巨蟒的飛行馬戲團》全套光碟；小時候也都喜歡迪士尼的卡通花栗鼠奇奇與蒂蒂；你們都愛吃披薩，討厭白蘿蔔。你心想這眞是姻緣天註定，你們是天生一對。

但請退個一步想想，世界上有多少人開這款車？你們年紀相仿，兩人的母親當然也是上下歲數，她們的名字可能在那個年代十分熱門。既然你們背景相似、成長年代又相同，小時候看同樣的卡通也很理所當然。大部分人都喜歡蒙蒂巨蟒這個英國六人喜劇團體、都愛披薩；很多人不太吃白蘿蔔。

以旁觀者來分析這些因素，你就能接受隨機的可能性。太專注於某些信號，就會忽略其他的雜訊。**對你有了意義，你就忽視隨機的可能，但意義是人為賦予的**。你犯了德州神槍手謬誤 (Texas sharpshooter fallacy)。

這種謬誤得名自想像一個牛仔對著穀倉射擊，穀倉外壁逐漸佈滿彈孔，某些地方較密某些地方較疏。如果牛仔在彈孔密集處畫個紅心，看起來就會像是自己的槍法很準。在彈孔密集處畫上紅心，就等於是替隨機發生的狀況加上人爲的意義。**人類的腦袋會一直做這種事，挑出成串的巧合是常人屢犯的邏輯失誤**。

你若因爲諾查達姆斯可以預言希特勒的出現而嘖嘖稱奇，便是無視他所寫的其他近千則預言，其中大多數不知所云。當你發現希斯特這個拉丁語的意思是多瑙河，預言就顯得沒那麼神了。當你驚異於泰坦號與鐵達尼的相似之處，便是忽略了小說中只有十三人生還，而且泰坦號是立即沉沒，先前也曾出航過許多次，小說中的一位生還者在獲救前與北極熊搏鬥。當你被林肯與甘迺迪的雷同處迷惑，你就會忽略甘迺迪是天主教徒，而林肯參加基督教浸信會；甘迺迪被來福獵槍擊中，林肯是被手槍狙擊；甘迺迪在德州遇害，林肯是在首府華盛頓特區身亡；甘迺迪有著濃密的紅棕色頭髮，而林肯的招牌是戴頂高禮帽。

這三組例子中全都有成千上萬個相異之處，只是都被忽視，當你在彈孔密集處畫個紅心，自然而然只會注意到相同點。**把後見之明偏誤與肯證偏誤結合起來，就成了德州神槍手謬誤**。

拍攝實境節目時，製作團隊會先拍下數百個小時的錄影，再剪輯濃縮成一小時，這就像是在彈孔密集處畫上紅心，去蕪存菁後每個片刻都變得很有梗。也就是說，抽掉一堆混亂的原始素材，他們可以創造出中意的連貫故事。那個女生眞的那麼惹人厭嗎？那個梳油頭、擦仿曬乳的男生眞的那麼蠢嗎？除非你能退個幾步觀察整座穀倉，不然你無從得知。

這種謬誤不只發生在實境秀的創造、總統暗殺的八卦和沉船的詭怪巧合裡，用神槍手謬誤來決定因果可能會傷害到他人。科學家先形成假說再試圖用新的研究來推翻，也是為了避免犯上德州神槍手謬誤。流行病學家在探究導致疾病擴散的因素時尤其會特別謹慎，如果你看著以圓點標示癌症發生率的美國地圖，你會發現某些地區的圓點特別密集，看來是個不錯的指標可以推斷出哪裡的水有毒、有高壓電產生有害的電磁波、有基地台摧殘著人體器官、或曾經進行核子彈測試。這樣的地圖就像是神槍手射擊的穀倉，假設癌症群必定有因可循正如同事後畫上紅心。癌症群的出現通常不是源於駭人的環境因素，而是許多媒介交互作用的結果：親戚通常住在附近，老人退休後常住某個區域，飲食、吸菸與運動習慣常因地域而異。而且說到底，有三分之一的人都曾罹患癌症。把癌症高危險區域的出現說是純屬巧合，心裡頭總覺得沒有交代，巧合這種爛理由讓人顯得脆弱，這種無力感得有個出氣筒才能紓解。有時候就是需要有個壞人，這時德州神槍手謬誤正是上上之選。

美國疾管局統計顯示，二〇〇二至二〇〇六年間，八歲兒童的自閉症病例增加了五十七％。回顧過去二十年，自閉症發生率增加了一倍，現今每七十個男童就有一個患有泛自閉症障礙。這些數據首次公布時，全球的父母看了陷入恐慌。一定有什麼因素造成自閉症人數增加，對吧？早期的紅心是畫在疫苗上，因為自閉症狀的出現似乎和兒童接受疫苗注射的期間相同。一旦大家有了目標，一個彈孔密集處，就失去觀察其他相關因素的能力。投入巨額資金與多年研究後，疫苗因素被排除了，但許多人拒絕接受這個結果。專注在疫苗而忽視其他數百萬個因素，等於只想到泰坦號撞上冰山，而忽略它並非首航即遇難。

在賭場裡連贏了幾把、籃球場上的漂亮身手、龍捲風肆虐獨漏了某座教堂……這些事實都是偶發的狀況，但人類會動動數字，替它們尋找背後的意義，輸錢的那些次數、沒投進的球數和龍捲風胡亂吞噬的房屋都被忽略了。

第二次世界大戰時，倫敦人注意到某些街區總能在炸彈突襲倖免，大家開始相信德國間諜一定居住在沒被炸到的建築物內。實則不然，心理學家卡納曼（Daniel Kahneman）和特沃斯基（Amos Tversky）後續的分析指出炸彈攻擊模式完全是隨機。只要是人類尋找意義的地方，都有德州神槍手謬誤的蹤跡。對許多人來說，如果得相信偶然的突變可以生出眼球、吐司上像張人臉的烤痕只是隨機發生的，這個世界就會黯然失色。

如果你洗好一疊牌，然後抽出十張，不管抽到哪些牌，這副牌序出現的機率都是幾兆分之一。如果你抽出一副同花順，很神奇，但機率和其他任何五張牌的組合都是一樣。意義是人加上去的。

看見外頭的那棵樹了嗎？在我們所知的宇宙數十億個星系中，它偏偏長在環繞太陽這顆恆星的地球行星上的這一小塊地方，機率是這麼微乎其微，似乎有什麼意義，但這僅是你編織的想像，你在一座大穀倉壁上的彈孔密集處畫了紅心。樹長在這裡和長在後院的機率其實不相上下。你往沙漠望去發現一隻蜥蜴，往天邊望去看到一朵雲，往太空裡望去看到氫原子獨自漂浮，都是相同的事。不論你在哪裡，只要放眼望去，百分之百可以看見某個東西，只是對於意義的渴望會改變你對所見的感覺。

若要承認混亂、無序與隨機一路大剌剌地主宰著你的生活，甚至主宰了宇宙，人會陷入痛苦之中。你需要模式來提供意義、慰藉和當代罪羔羊，所以才犯下德州神槍手謬誤。除草、擺設好銀器、梳理頭髮，你無時無刻都在抗拒凌亂，這種行爲是原始本能，你需要秩序，秩序讓做人簡單些，也讓你在混亂的世界中找到方向前進。對老祖宗來說，辨認模式可以找到食物並保護自身免於受傷害。你現在能讀這些字句正是因爲祖先能辨認模式並改變行爲，提升了獵食技巧而避免淪爲獵物。演化使我們喜歡在聚沙成塔的隨機事件中尋找其中的脈絡。

天文學家薩根 (Carl Sagan) 曾說，浩瀚時空裡，他能與妻子共享此星球此年代，何其有幸，即使他知道這不能說是天生注定，也無損於兩人相伴時所感受到的奇妙。

模式隨處可見，但有些僅是隨機出現並不具意義。在龐雜的隨機事件中一定不時會出現模式可尋，不爲什麼原因，只是數學機率罷了。認清這點，你才能忽略無關緊要的巧合，認清在這個星球、這個年代裡，哪些事物對你眞正有意義。

盲點 6

今天先吃垃圾食物，但爲未來規劃健康飲食。➡拖延症

× **誤解** 你會拖延是因為懶惰又不善於時間管理。

○ **真相** 拖延源自面對人性本能時的軟弱，加上無法理解大腦的運作模式。

從 Netflix 公司可以看到人的一種行徑，這種行徑你應該也已經注意到了，它會害你達不成目標。如果你是美國這家線上影音串流服務公司的用戶，尤其是用電視觀看影片的人，很容易累積了幾百支你認爲以後會看的影片。

看看你的待播影片清單，怎麼會有這麼多紀錄片和史詩鉅片在網路裡積灰塵？《越過死亡線》的封面海報已經熟到可以憑記憶畫出來，你爲什麼還一直跳過不看？

心理學家知道答案。原來，你的待播電影會愈加愈多，是有原因的。也正是同樣

原因，你相信自己最終會做對自己最有益的事，但實際上卻很少會實踐。

瑞德（Read）、洛溫斯登（Loewenstein）和凱亞納拉曼（Kalyanaraman）於一九九九年進行一項研究，請受試者從二十四部電影中挑出三部想看的。有些是像《西雅圖夜未眠》、《窈窕奶爸》的通俗片，有些則是像《辛德勒的名單》、《鋼琴師與她的情人》的藝術片，換句話說，要在看過就忘的喜劇片和需要細細咀嚼的文藝片之間做選擇。受試者選好後必須馬上觀賞其中一部，兩天後看另一部，再過兩天看第三部。許多人的三部片中都有《辛德勒的名單》，他們知道這是部好片，因爲所有朋友都這麼說，而且還有數十座電影獎項的背書。然而多數人都沒有在第一天就挑看這部片，多半是先看通俗片，只有四十四％的人先看較沉悶的片子。得知必須立刻觀賞影片時，大部分人都挑《摩登大聖》之類的搞笑片，或是《捍衛戰警》之類的動作片。接著第二部選看藝術電影的有六十三％，第三部選擇藝術電影的有七十三％。研究人員之後再次進行實驗，這次要受試者一口氣看完所選的三部電影，選《辛德勒的名單》的人數就少了十三倍。**研究人員於是推測，一般人都會先吃垃圾食物，再替未來規劃健康的飲食。**

歷年來很多研究顯示，人的偏好會隨著時間改變。問大家一個禮拜後想吃水果還是蛋糕，多半會說水果。但一個禮拜後，黑森林蛋糕和蘋果同時送到面前，多半還是會想吃蛋糕。

這就是爲何你的待播影片清單裡有一堆好片子擱在那，你卻選了《蓋酷家庭》來看。有了Netflix，選擇現在和之後要看什麼，就像是在棒棒糖和蔬果棒沙拉之中做選擇。說到以後的事，理智會要你選擇吃有營養的，但當下的你會選擇好吃的。

這個現象有時稱爲**現時偏誤**(present bias)，**也就是無法理解自己想要的會隨時間改變，現在希望的會和以後想要的有所不同**。因爲現時偏誤，你買了生菜和香蕉，卻一直忘記吃，最後只好扔掉；因爲現時偏誤，你小時候納悶大人怎麼不狂買玩具自己玩；也因爲現時偏誤，你連續十年許下相同的新年新希望，但每次都說眞的要減肥，練出洗衣板一樣的六塊腹肌。

你量體重、買健身DVD、訂購啞鈴。但有天面臨出門跑步或窩在家看影片的抉擇，你選擇了影片；又有一天和朋友外出用餐，看著菜單上的起司漢堡和沙拉，你選擇了漢堡。脫軌次數愈來愈多，你不斷地告訴自己會改正，下禮拜一重新振作，這樣又過了一個禮拜，經過無數次淪陷後終至無力回天。到了冬天，你已經知道明年要許什麼「新」希望了。

拖延的例子在生活中無所不在。

拖到最後一刻才趕著買聖誕禮物；該去看牙醫、健康檢查、報稅，卻一延再延；你忘了投票；車子該換機油忘了換；廚房水槽裡的碗盤愈堆愈高；衣服現在不洗，非得等到禮拜天才浪費整天的時間刷刷洗洗？

不做仰臥起坐，反而玩起憤怒鳥，這樣的代價還算小。要是你面臨申請補助經費、交論文或還書的期限，卻遲遲不去做，代價何其高。

你說不會有問題的，明天就會開始。你會找時間學外語或學樂器；你想讀的書籍清單愈來愈長。

在開始力行前，你想著不妨先收收電子郵件、再逛逛臉書，等一下才不會分心。喝個咖啡也會更有精神，反正買一杯咖啡也花不了多少時間，連續劇順便看個幾集好了。

你可以想辦法打敗拖延，在手機上安裝行事曆和工作行程等 app，也可以寫便條紙提醒自己，把時程塡滿。你可以仰賴一堆改善生活效率的工具，成爲生產力魔人，但單單這些工具不會有幫助，因爲問題不在於你不懂得時間管理，而是在於大腦是個差勁的軍師。

拖延是人類極爲普遍的行爲，市面上有超過六百本書都在掛保證可以幫助讀者擺脫此一惡習，今年可能又會增加個一百二十來本。顯然這是每個人的通病，爲什麼這麼難以克服呢？

要解釋，就要先來說說棉花糖的吸引力。

一九六〇年代末期至一九七〇年代初期，米歇爾（Walter Mischel）在史丹佛大學進行一系列實驗，他的研究團隊請小孩子坐在擺有按鈴和點心的桌子前，他們可以從點心中選擇蝴蝶脆餅、餅乾或是大顆棉花糖，選好後可以馬上吃掉或是等幾分鐘。願意等待的人可以獲得加倍的點心；等不及要吃就按鈴，實驗就會結束。

有些小朋友完全不試著自我控制，馬上就吃掉點心；有些則是死盯著想吃的點心，最後抗拒不了誘惑也吃起來；很多人侷促地扭動著，把頭別開，搓著手磨著腳；有些則發出好笑的怪聲。到最後，有三分之一的人忍不住。這個研究主要在瞭解延遲滿足（delayed gratification）的現象，經過幾十年後，衍生出一系列關於後設認知（metacognition）的發現，也就是「理解大腦的運作」，十分精采。

米歇爾追蹤這些受試者，他們進了高中、大學，一直到成年後有了小孩、房子和工作。研究發現，爲了更好的獎酬而克服眼前慾望的小孩，並沒有比其他小孩聰明，也沒有比較不貪吃，只是更懂得鞭策自己，做對自己最有益的事。他們會盯著牆壁而不是食物，一直踏著腳而不是去聞甜點。等待對每個人都是煎熬，但有些人知道光坐在那裡盯著美味的棉花糖，是不可能忍得住的。**有辦法克制不去拿棉花糖的人，會用同樣的意志力來充實生活**；很快就按鈴的人容易出現行爲上的問題。懂得自制的人在大學入學SAT測驗平均比吃了棉花糖的人多拿兩百分。

理解大腦的運作才能知己知彼。在該做與想做的掙扎中，有人悟出關鍵：慾望從不會消失。**拖延全都源自於選擇了想做的而不是該做的事，因為誘惑來臨時，你束手無策**。你很難預知未來的心智狀態；你在現在和未來之間做抉擇的能力很糟。未來的事很難說，什麼都可能出錯。

現在給你五十元或是一年後給你一百元，你要選哪一個？很明顯你會選擇現在拿五十元。畢竟誰知道一年後會發生什麼事，對吧？好，那如果我改成五年後給你五十元或六年後給你一百元呢？什麼都沒變，只是時間往後延，但現在你會覺得應該拿那一百元才對，畢竟都已經要等那麼久了。如果單純以邏輯思考，我們會覺得「愈多愈好」，每次都會選較高的金額，但人不會光用邏輯思考。面臨兩種可能的獎勵，你會傾向於選擇現在就能享受的，而不是之後才能享用的，即使之後的獎勵要好很多。就好比現在整理一下電腦的資料夾，還比處理一件一個月後才到期的工作來得有吸引力，即便這項工作攸關到職涯或是學位，於是你拖到期限的前一晚才動工。如果你理性思考一個月後哪一項比較有價值：持續有薪水可領或是有條不紊的電腦桌面，你就會選擇價值較高的那一項。被迫等待時逐漸趨於理性的傾向稱爲雙曲貼現（hyperbolic discounting），放棄未來較佳報酬的傾向會隨著時間遞減，在圖表上呈現出一條下坡曲線。

從演化的角度來看，選擇當下可穩穩入袋的報酬是很合理的。老祖宗的年代還用不著擔心退休或心臟病。在大腦還在演化的古時候，人們可能還活不到孫兒輩出生。人腦中的那隻笨猿猴，看到甜頭就想狼吞虎嚥，然後深陷債務之中。

雙曲貼現讓你把現在不想處理的隨意丟到未來，也因此你對未來做了過多計畫而無法完成。你以爲在未來這個充滿可能性的神祕境域，你會比現在有更多的空閒時間，別傻了。

要檢視你的拖延症頭有多麼嚴重，可以看看你怎麼應付截止日期。我們來假設一下，你選了一門課必須在三週內完成三篇研究報告，教授讓你們自己安排截止日期。你可以選擇一週交一篇，或是第一週交兩篇然後第二週交一篇；你也可以在最後一天全部一起交，或把報告分開交；你甚至可以選擇第一個禮拜結束就全交，畢其功於一役。全看你，不過決定以後就必須遵守，否則就會抱個大鴨蛋。

你會怎麼選？最理智的選擇是最後一天交全部，這樣你會有充分的時間認眞寫，交出你最棒的報告。這看來是個明智的抉擇，不過你沒有那麼聰明。

二〇〇二年，韋坦布洛克 (Klaus Wertenbroch) 與艾瑞里 (Dan Ariely) 針對學生做了上述的試驗。學生共三班，每班都要在三個禮拜完成三篇報告。甲班必須在最後一天一次全交，乙班必須自己安排三個期限然後遵守，丙班則必須一週交一篇。結果哪一班拿到最高分數？丙班，有三個明確期限的學生表現最佳，自行安排期限的乙班次之，全部期限都在最後一天的甲班表現最差。自訂期限的學生大多都是一週一篇分開交，他們自知會拖拖拉拉，所以設定了強迫自己去完成的時間間隔，不過班上還是有過度樂觀的異數，不是拖到最後一刻就是訂下不切實際的目標，拉低全班成績。最後一天才需要交的學生傾向於把三篇報告都拖到最後一週才寫。別無選擇、不得不分開交報告的學生表現最佳，因爲當中的「異數」被限制住了，也就是說，那些不承認自己有拖延傾向或是過度自信的人沒有機會耍笨自欺。

如果你覺得自己不會拖延，或是對於自己的工作拚勁和時間管理能力過於自信，你就無法擬定良策來戰勝弱點。

拖延是一股衝動，就像是在結帳櫃臺臨時起意多買包糖果。拖延也是雙曲貼現，選擇當下吃得到的而不是遠在未來渺茫的東西。你必須深諳大腦的運作模式才能克服拖延的毛病。你要知道有個「你」正坐在這裡讀這本書，也有個「你」會在未來受到別的念頭和慾望所左右，那個你會用別的思維來勾勒現實的面貌。

準備考試還是去夜店？吃沙拉還是杯子蛋糕？寫作文還是打電玩？「現在你」知道這些選擇背後要付出什麼代價或得到什麼好處，弔詭的是，「現在的你」無須面對選擇結果，「未來你」才需要，但「未來你」不可信賴，會屈服並再度變成軟弱又慚愧的

「現在你」。「現在你」必須矇騙「未來你」去做對雙方都有益的事。這也是爲減重人士擬訂飲食計畫的紐崔系統公司(Nutrisystem)可以大行其道的原因,「現在你」花大把鈔票買一大堆減重食品讓「未來你」負責吃。深諳此道的人也會採用Freedom之屬的程式,這類程式可切斷電腦的網路連線長達八小時,「現在你」藉此便可讓「未來你」不得不專心工作。

深知大腦運作模式、心智狀態和所處背景與情境的人,能把事情做完,不是因爲他們有過人的意志力或幹勁,而是他們知道要有所做爲,就必須打敗深植在人性的好逸惡勞,這是一場和人類原始本能的競賽。比起在行事曆上設定老是跳票的期限,想著幾點前要做完多少下伏地挺身,不如把力氣花在智取自己會更值得。

盲點 7

颱風要來了還不肯撤離，假裝一切都會過去。⬇ 正常化偏見

誤解　當災難來襲，或戰或逃的本能會啓動，你也會感到恐慌。

真相　你處於危機中通常會異常平靜，假裝一切如常。

假如有個直徑一哩的強烈暴風正朝你們家襲來，你會怎麼做？打電話給親密的人？出門去追一下快要來的暴風？還是會跳進浴缸蓋上床墊？

不管生活中遇到什麼事，你對任何狀況的分析一開始都是把它視爲常態，然後再把新資訊拿來和以往經常發生的狀況做比較、對照。也因爲如此，你會傾向於把怪異和危急的情況看成像是日常會發生的事件一般。

一九九九年，超級龍捲風群一連三天橫掃奧克拉荷馬州鄉下。其中一個重創了橋

溪鎮，命名爲F5摩爾。F5取自改良版藤田級數(Enhanced Fujita Scale)，按龍捲風的強度分爲EF1到EF5級。強度達到頂級的龍捲風不到一%，四級風就可把汽車捲上天、夷平整座房屋，要達到第五級，風勢必須超過每小時兩百英里。橋溪鎮的F5摩爾龍捲風強度高達每小時三百二十英里，雖然在龍捲風逼近的十三分鐘前發布了警報，許多人仍然不做任何準備，照舊到處走動，心想不會有事，沒打算逃命。最後龍捲風摧毀了八千間房屋，奪走三十六條人命。如果沒有接獲警報，罹難人數一定不止於此。因爲沒有警報機制，一九二五年一個類似的龍捲風就曾奪走了六百九十五條人命。那麼，既然發布了警報，爲何有些人沒有採取行動，找地方避難？

追風族和氣象學家很清楚人在面對危險時會驚慌失措，他們自己也常常如此。有人選擇待在原處捱過颶風和龍捲風的事件時有所聞。氣象專家和災害應變中心人員知道，當恐懼在內心浮現，你會把自己包裹在冷靜的外衣之中，心理學家將此稱爲正常化偏見(normalcy bias)，第一線救難人員則稱之爲反向驚慌(negative panic)。這種幫倒忙的奇怪傾向讓你在危急時刻忘記自保，在預估沈船以及體育場緊急疏散事件的死亡人數時，常得把這種傾向納入考量。災難電影全搞錯了，大家一聽到警報時，其實不會立即逃跑，又是尖叫又是雙手亂揮的。

追風族斯范霍(Mark Svenvold)在《大哉天氣》(*Big Weather*，暫譯)一書裡寫到正常化偏見的感染力有多強大。他回想到面臨生死關頭時身旁的人總要他冷靜。就算龍捲風警報已經發布，大家還是覺得事不關己，心存僥倖的夥伴會想辦法讓他覺得羞愧，直到他願意推翻自己的想法，這樣他們才能繼續保持平靜。他們想要感覺一切如常，不希望這樣的意圖受到打擊。

不管問題是大是小，正常化偏見都會在大腦內作亂，不管是接連好幾天一再接獲警告，還是在僅有幾秒的生死一線間，都會出現。

想像你在一架波音七四七飛機上，經歷了長途飛行即將降落。俯衝著地後你暗暗鬆了一口氣，接著聽到起落架放到跑道上的摩擦聲，引擎熄火後你收起扶手，感覺到周遭四百多名旅客準備下機的騷動。飛機開始往航廈滑行，過程很冗長，所以你回想起在飛機上的某些片刻，航程很愉快，沒有太多顛簸，同機的乘客人也很有水準。你收拾隨身行李，準備鬆開安全帶，望出窗外，想要辨識霧中的熟悉景物。毫無預警之中，一波熱浪與高壓突然襲來，撕扯你的身體。恐怖的爆破震動了你的五臟六腑，撕裂機艙的每個角落。有如火車對撞般的巨響在座位四周此起彼落，幾乎要震破耳膜。一陣爆炸穿越你的周圍，火焰在走道、頭頂和腳下四竄，塞入每個縫隙和裂縫。爆炸來得快去得也快，留下難耐的高溫。幾撮頭髮燒成了灰，耳際只聽得到火在劈里啪啦地燒。

想像你正在這架飛機上。機頂整個已經燒毀，可以看得到上頭的天空。火柱愈竄愈高，機身兩側的破洞可以帶你通往自由。你會怎麼做？

你可能以爲自己一定會跳起來大喊「天哪，快逃！」如果不是這樣，那你可能以爲自己會像嬰兒一樣蜷縮起身子，嚇得魂都飛了。根據統計，這兩者都不常見，你的反應會奇怪得多。

一九七七年，在西班牙加那利群島的特內費里島上，一連串的致命失誤導致兩架龐大的七四七客機相撞，當中一架正準備要起飛。

一架搭載四百九十六名乘客的泛美航空班機在濃霧瀰漫的跑道上滑行，另一架搭載兩百四十八名乘客的荷蘭皇家航空班機，請求清空同一個跑道準備起飛。霧濃到荷航機員看不見另一架飛機，塔臺則彷彿眼睛被矇住，兩架都看不見。荷航的機員聽錯指示以爲可以起飛，於是開始加速朝另一架飛機衝去。空中交管人員試圖警告他們，但無線電干擾了訊息。待荷航機長看到前方出現一架飛機時，爲時已晚，他奮力往上拉，拖著機尾在地上滑行，終究還是無法升空。他放聲尖叫，眼巴巴看著荷航班機半截機身以時速一百六十英里撞進泛美航空班機。

荷航班機撞上泛美班機後彈飛了五百英尺，墜地後機油引燃了恐怖的大爆炸。機上所有人員屍身肢離破碎，火勢猛烈延燒到隔日。

搜救人員傾巢而出，但消防車沒有駛向泛美班機，而是衝往起火的荷航班機殘骸。接下來的二十分鐘一陣混亂，消防與救難人員以為他們只需面對一個事故，以爲遠方濃霧裡隱約透出的火光只不過是另一個機身殘骸，泛美班機上的倖存者並沒有得到救援。但泛美班機的引擎還在全速運轉，因爲機長最後一刻試圖轉向，而撞擊後電線燒毀，此刻引擎已經關不掉。撞擊力道把七四七班機的頂部掀去了大半，乘客倒在撞擊後的碎屑中。火勢蔓延開來，大火開始延燒整架飛機，濃煙籠罩機身。要活命就得儘速行動，乘客得解開安全帶，在混亂中移動至仍完好的機翼，再跳到二十英尺外的殘骸。想逃脫不是沒有機會，但不是所有倖存者都起身逃命。有些人反應迅速，替家人和陌生人解開安全帶，催促他們往外逃生；有些人則留在原處被大火吞噬。不久後中央油箱爆炸，除了已經逃出去的七十人之外，其餘全部罹難。

在瑞普莉（Amanda Ripley）的著作《生還者希望你知道的事》（*The Unthinkable*）一書中寫道，調查人員後來指出，飛機被衝撞後，生還者在被大火吞噬前仍有一絲逃命機會，但卻沒有採取行動，因爲他們楞住了。

性命交關的頃刻，爲什麼這麼多人手足無措？

心理學家強森（Daniel Johnson）對這種怪異行爲做了深入研究。他訪問了特內費里空難的生還者，還有其他從摩天大樓失火、沈船等災難倖存的人，希望能夠更了解爲何有些人逃命、而有些人不逃。

泛美班機的乘客賀克夫婦受訪時回憶到，在他們急忙找出路時，和他們一同旅行的伙伴坐著動也不動，在向外跑的一路上經過不下數十個人，但這些人連站都沒有站起來。

意外發生的頭幾分鐘，就在機頂被掀開後不久，賀克先生望向他太太，她動也不動，僵在座位上無法理解究竟發生什麼事。他大喊要她跟著走，他們解開安全帶，緊緊牽著手，賀克先生領著太太在濃煙正要開始流竄時逃出飛機。賀克太太後來才領悟到，只要大喊，叫那些呆坐的人一起逃跑，或許就可以救他們一命，但她自己起初也是腦筋一片空白，壓根沒想到要逃，只是傻傻地跟緊先生。幾年後賀克太太接受《橘郡紀事報》*(Orange County Register)* 訪問，她告訴記者，當她要從機身缺口往外跳時有回頭看了一眼，看到朋友還坐在他們座位的旁邊，雙手交握放在膝上、目光呆滯望著前方，最後這個朋友沒能在大火中逃過一劫。

遇到沈船、大樓火災、歹徒開槍濫射、龍捲風災等危險事件，你有可能被一連串不明確的危險資訊淹沒，最後什麼也沒做。你的神智會飄離，留下失去知覺的身體僵在原地，你甚至可能會躺下，如果沒人來救你一把就劫數難逃。

蘭開斯特大學的心理學家里奇 (John Leach) 針對壓力讓人失去行動能力也做了研

究。他指出大約七十五%的人身處災難或瀕臨死亡時無法理性思考，至於鐘形曲線兩端大約十五%的人不是意識格外清楚，就是驚慌失措到哭出來。

強森與里奇表示，能夠逃過一劫的人懂得未雨綢繆和事前練習。他們會做功課、建造避難所和進行演習。他們會找到逃生出口，想像自己逃生時會怎麼做。他們小時候經歷過火災或是曾在風災中逃過一劫。這些人身處災難時無須再費心思考，同處災難的其他人正在思索的事情他們早就一清二楚了。

正常化偏見在危急時阻礙你的行動，大腦假裝一切都會過去、一切就像往常一樣可以預料。只有戰勝正常化偏見的人才會採取行動，當別人還在考慮是否該有所動作時，他們早就搶先一步行動。

強森指出，身體行動前大腦會執行一連串的程序：認知、感知、理解、決策、執行，然後行動，每一步都少不了，雖然複雜，但透過練習後熟能生巧，大腦不必再耗費那麼多寶貴的時間運作。強森拿演奏樂器來做比喻，如果你從來沒彈過吉他的C和弦，你必須先把流程想一遍，然後有點手拙地撥著弦，彈出有點遜的聲音。練習個幾分鐘，你不再多想就能從容彈出比較能入耳的樂音。

要注意的是，正常化偏見不是指像小白兔遇到大蟒蛇那樣，一看見危險就呆若木雞。人類在危險當頭，確實也會出現僵住不動、自求多福的行爲，這稱作恐懼型心搏

過緩 (fear bradycardia)，是一種自發、不由你控制的本能，也可稱爲緊張性靜止 (tonic immobility)。蹬羚這類動物如果察覺到獵食者在附近時就會靜止不動，希望能隱沒入背景，讓獵食者無法偵測到動作而以爲獵物消失；有些動物甚至會佯裝沒有生命跡象，稱爲假死 (thanatosis)。

二〇〇五年里約熱內盧大學的研究人員只是拿傷者照片給受試者看，就引發了他們的緊張性靜止，諸如心跳驟降、肌肉立刻緊繃等等。有些人確實會在遇難時有這些反應，但我們談的正常化偏見是另外一回事。

人類許多行爲的意圖都是在降低焦慮。當一切平安、一切如你預期時，你就知道自己並未身處險境。正常化偏見是透過相信一切都好來自我安慰。當你仍然可以做著平常習慣做的事、彷彿沒有壞事發生般地看待這個世界，你的焦慮就會按兵不動。正常化偏見是一種心智狀態，讓你相信一切沒問題，以爲這樣就眞的不會有問題發生。

正常化偏見是拒絕相信可怕的事件會發生在你身上，即使你有充分的理由該擔這個心。災難發生時你最先感覺到的是強烈渴求安全和安心，當這變成不可能的任務時，你乾脆就飄進正常化偏見這個白日夢裡。

九一一事件生還者表示，他們記得離開辦公室小隔間前還在收拾個人物品，穿上外套、打電話給親愛的人。他們把電腦關了，聊了一下天。多數人下樓時的腳步不疾不徐，沒有尖叫沒有奔跑。沒有人需要大喊「大家冷靜」，因爲並沒有人驚慌失措。他們用一切如常的行爲來祈求世界能夠回復常態。

要減低大難臨頭的焦慮，你會先搜尋自己所知，然後挖取別人的資訊。你會與同事、朋友和家人聊天，會黏在電視或收音機前，會和其他人聚在一塊交換資訊。有些人認爲Ｆ５摩爾龍捲風逼近時就是這樣的狀況，所以有些人沒有選擇避難。所有大腦用來辨認模式的工具，所有你習以爲常的例行工作，在危急時都派不上用場。危機對大腦來說太陌生又太難辨別，**你會僵住不是因為驚慌，而是因為常態消失了**。

瑞普莉把這種僵住的瞬間稱爲「反射性懷疑」(reflexive incredulity)。**當大腦試著傳達大難臨頭的訊息時，你內心深處卻渴望周遭所有人向你保證一切正常。你等著這個希望成真，一直等到希望完全落空**。

正常化偏見會一直持續到船身傾斜或大樓移位。在龍捲風把車子砸向你家或颶風把電線吹斷之前，你會保持平靜，但如果其他人還在四處走動等待消息，你也會這麼做。

工作和疏散作業密切相關的人，像是第一線救護員、建築師、體育場員工、旅遊業者等，都很了解正常化偏見，並且把它白紙黑字寫在工作手冊和行業刊物裡。東京大學社會學家三上俊治與池田研一一九八五年在《大眾急難暨災害國際期刊》

(*International Journal of Mass Emergencies Disasters*)上發表論文，指出在災害中你可能會經歷的一些步驟。他們表示一般人會先用已知資訊來分析情況，並大幅低估事態的嚴重性，這個時刻分秒必爭，但如果陷入要命的正常化偏見，就會出現一連串有固定順序的行爲：先看值得信任的人有什麼意見，再向附近的人詢問，如果情況允許的話，接著會設法聯絡家人，然後開始做些疏散或避難的準備。要等這些步驟全部完成後，才會開始行動。三上俊治與池田研一認爲，如果無法理解事態嚴重性，或是缺乏類似經歷而沒有頭緒該怎麼做，很可能會把寶貴的逃命時間虛耗掉。更糟的是，如果你開始用比較與對比(compare-and-contrast)的老法子來分析情況，也就是想說服自己面臨的危險和以往所熟悉的狀況沒什麼不同，那就是陷入了正常化偏見。

他們舉了一九八二年的長崎水災爲例，長崎每年都會發生輕微的水患，當地居民認爲下豪雨是家常便飯。那年水災時，他們很快就察覺水位持續升高，速度比往年都來得快。下午四點五十五分，市政府發布洪水警報，但有些人仍在觀望會有多反常。到了晚上九點，僅有十三%的居民撤離，結果兩百六十五人罹難。

當年卡崔娜颶風肆虐我的家鄉密西西比時，我到賣場採買食物、水和儲備品，看到很多人的推車上竟然只有幾條麵包和幾罐汽水時，著實嚇了一跳。我拿了滿滿一車的瓶裝水和罐頭，排在我後頭的人一臉不耐煩，我至今記憶猶新。我對他們說：「不好意思，多準備一些總是比較好吧。」他們的回應是什麼呢？「我就不相信會有多嚴重。」災後兩個禮拜沒電、路又不通，那些人後來是怎麼度過？我常常會想。

正常化偏見是你擺脫不了的傾向。日常生活顯得平凡乏味是因爲大腦要你這麼覺得，若不如此，你消化吸收不了超載的資訊量。想想搬新家或換新車、新手機的時候，一開始你會留意每個細節，花好幾個小時調整設定或是擺放家具，經過一陣子習以爲常了，才會鬆手不管，甚至新家的某些角落你都可能沒有繼續留心，直到有訪客指出來，你才重新注意到。你要去習慣環境，有地方出差錯時才能察覺，否則生活會是一片雜訊，而沒有値得留意的訊號。

然而人有個壞習慣，有時候你會製造干擾以便可以忽略訊號。有時候你在不該看到干擾的時候專注於干擾，在找不到常態的時候渴望常態。好比颶風和洪水可能太大、太慢、太抽象，所以無法刺激你採取行動，標準的眼不見爲淨。三上與池田教授以及其他專家指出，要解決這樣的問題，要靠那些能夠提供援助、比大眾更能看清危險的人不厭其煩地勸導，如果給出的警告和宣導夠多，這些呼籲就會變成新的常態，進而讓你開始行動。

正常化偏見也發生在範圍更大的事件上，全球性氣候變遷、油價飆高、肥胖議題和股市崩盤都是更嚴重、更複雜的事件，這些都是人們無法採取行動的實例，因爲若是預測成真，很難想像生活會變調到何種地步。媒體經常大肆報導並製造恐慌的議題，像是千禧蟲、豬流感、SARS 等等，無形中助長了全球性的正常化偏見。兩黨政治名嘴警告大眾支持己派的決策才能化解危機。太多狼來了的聲音，人很難在混亂的資訊潮水中決定何時該提高警覺，何時是真的在發生而不只是演習。人的本能會先掂斤估兩，評估實際情況有多不尋常，只有在問題衝過不管不行的門檻時才會行動。當然，這時才行動往往已經太遲了。

盲點 8 沒有理由的喜歡才是真喜歡。⬇深思

✕ **誤解** 你知道自己為何喜歡某樣東西、為何有某種感覺。

○ **真相** 你無法觸及某些情感狀態的源頭，被迫要解釋時就會捏造。

想像一幅全世界都讚嘆的畫作，像是梵谷的《星空》。現在假設你必須寫一篇論文分析它受喜愛的原因，快，想出一個合理的解釋，不，先不要繼續往下讀，你試試看，說說梵谷這畫好在哪裡。

你有沒有特別喜愛某一首歌或某張照片？也許有一部電影讓你多年來一直看了又看，或許是一本書讓你一讀再讀。現在請想一樣你最喜歡的東西，用一句話解釋爲什麼喜歡。很可能你會覺得難以言喻，但逼你解釋，你大概也能擠出一些理由。

但根據研究指出，你的解釋很可能是一派胡言。維吉尼亞大學的威爾森（Tim Wilson）在一九九〇年用海報測試（The Poster Test）證明了這點，他帶一群學生進一個房間，給他們看一堆海報，他告訴學生可以挑一張喜歡的當禮物帶走。然後換另一組學生進來，他說了同樣的話，不過這回規定他們在拿走之前必須先解釋想要的理由。過了六個月後，他分別詢問兩組學生對於自己的選擇有何感想，拿了就走的第一組學生仍喜歡自己的選擇，需要寫出原因的第二組學生則是討厭當初的選擇。拿了就走的第一組學生，大部分挑的是別緻又可愛的圖，而必須解釋自己選擇的第二組學生，多半挑的是具有含意的海報，像是一隻貓緊抓著繩索。

威爾森表示，在面臨抉擇又得思考背後原由時，你會開始降低情緒腦的說話分量，提高邏輯腦的發言分量，彷彿在心裡寫一張清單條列優缺點，若憑直覺行事時你壓根不會想到這些。如同威爾森在研究中指出，偏好的形成就像騎腳踏車，做很簡單，解釋起來就很傷腦筋了。

在威爾森的研究出現之前，一般認為深思（instrospection）是有益的，但他證明了**深思會讓人做出看來言之成理的決策，但自己卻不是真心喜歡**。威爾森知道肯特州立大學的研究早就證實了：老想著憂鬱只會更憂鬱，而分散注意力可以讓心情轉好。有時候深思只會得到反效果。深思的相關研究讓人不得不開始質疑整個藝評產業，不論評論的對象是電玩、音樂、電影、詩辭、文學等都一樣。這樣看來，像是焦點團體和市場分析這類的調查，似乎不太可能反映出消費者對市調商品的直覺喜惡，反而比較像是消費者在爲自己的感覺找出合理解釋。**問人為何喜歡或不喜歡某樣東西，對方必須把心靈深處的原始情緒翻譯成較有邏輯的理性世界語言，變成文字、句子和段落。這麼做的問題在於，那些心靈深處或許是無法觸及、也意識不到的。**意識裡出現的東西可能和你的喜好沒有太大關係。然而當你試著把自己的決定或喜惡合理化時，你開始擔心別人對你的眼光，於是心底話又進一步變質。

在海報測驗裡，大多數人其實喜歡漂亮的畫勝過於有啓發性的貓咪畫面，但他們找不出合理的說詞來解釋，至少白紙黑字寫在紙上會不太合邏輯；相反地，一張激勵人心的海報可以讓你掰出各種廢話，選擇它的理由很明顯、很現成。

威爾森進行的另一項實驗是給受試者看兩小張人像，問他們哪位比較迷人。然後遞給他們一張大一點的照片，說這就是他們剛才所選的人，但其實照片裡並非同一人。接著問他們會選擇的原因，每一位受試者都煞有介事又滔滔不絕。他們其實從來沒看過第二張照片的人，但騙他們說這是他們剛才選的那個人，他們照樣解釋得頭頭是道。

威爾森的另一項實驗要求受試者評比果醬。他們面前擺了五種果醬，先前分別被《消費者報告》評爲市售果醬的第一名、第十一名、第二十四名、第三十二名和第四十四名。一組在品嚐後把果醬依喜歡程度排名；另一組嚐完後必須寫出對每一種果醬喜歡和不喜歡的部分。如同海報測試，不用提供解釋的那組，最喜歡的果醬和《消費者報告》的排序一致；需要深思再評比果醬那組的結果則不同，他們會依據自己的解釋而調整偏好。個人口味很難量化和訴諸語言形容，所以需要解釋的這組人就會去著眼其他方面，諸如口感、色澤或黏稠度，但這些特色對不須解釋的人來說都不會造成影響。

相信自己理解自己的動機、慾望和好惡稱之爲深思錯覺（introspection illusion）。你以爲了解自己，也知道自己這副德行的背後原因，你以爲這樣的理解會爲日後的所有狀況提供出行動方針。但研究結果可不是如此。一次又一次的實驗顯示出，**深思並不是在探究內心最深處的心理成因，而是一種捏造。你看著自己的所為和所感，編出自己可以相信的合理解釋**。如果必須告訴別人，你會編個他們也能相信的版本。你其實沒那麼厲害，眞的能解釋出自己喜好的原因，而且一經過解釋的過程，你的態度也可能會改變。

在推特、臉書還有部落格當道的新世代，幾乎所有人都會發表自己對藝術的好惡，看看所有圍繞著《阿凡達》或《Lost 檔案》的尖酸批判和讚美就可得知。在《鐵達尼號》奪下多項奧斯卡金像獎時，有人說它會成爲史上最棒的電影。現在，它的評價雖然還不錯，但被認爲有點濫情，拍得有水準但過於做作。一百年後人們又會怎麼想呢？有鑑於此，我們不妨提醒自己，許多我們現今奉爲經典的作品在出現的當時都曾飽受批判。舉例來說，在一八五一年有個書評家就這麼評過《白鯨記》（*Moby Dick*）：

> 本書把冒險與事實胡謅在一起，在寫作過程中作者對於故事連貫與完整性的掌握時有時無。因為用字遣詞瘋狂至極（已非爛字可形容），導致有些地方的敘事風格走樣，這場大災難交待得很倉促、不夠精采也不太清楚。對於這本荒唐的書，我們沒有太多要褒要貶的話想說。假如一般讀者能把梅爾維爾先生筆下的恐怖與英雄主義略過不看——因為那些太像杜鵑窩文學最爛學派的垃圾，他應該要覺得慶幸，因為他看來應該不是沒有能力學會，而是不屑學習寫作的藝術。
>
> ——亨利．喬利（Henry F. Chorley）於倫敦雅典娜神廟飯店

這本書如今名列美國偉大小說之林，更被奉爲文學作品的寫作圭臬。但眞正能說出箇中道理的人，可能一個也沒有。

盲點 9

雷擊的機率比槍擊高三倍。⬇可用性捷思

誤解 隨著大眾媒體問世，你能夠從眾多實例採集數據與事實，藉此掌握世界的運作。

真相 只要能找到一個例證，你很容易相信某事是司空見慣；不曾見聞過的，你就不會輕易相信。

以 r 開頭還是以 r 爲第三個字母的英文字比較多？

想一下，你可能會想到像是裂縫 (rip)、老鼠 (rat)、左輪手槍 (revolver)、現實 (reality)、棄權 (relinquish) 這些字。如果你和多數人一樣，你會以爲 r 開頭的字比較多，不過你錯了，第三個字母爲 r 的字比較多才對，例如汽車 (car)、酒吧 (bar)、鬧劇 (farce)、市場 (market)、飛鏢 (dart)。**你很容易就選擇了前者，是因為你需要更專心才能想**

出第三個字母是 r 的單字，不信試試看。

如果一個你認識的人因爲打流感疫苗而生病，就算統計顯示疫苗安全無虞，你也不會想去打。事實上，如果你看到新聞報導有人在施打流感疫苗後喪生，這單一個案就足以讓你一輩子躲疫苗躲得遠遠的。另一方面，如果新聞報導吃香腸可能導致肛門癌，你就會存疑，因爲身邊沒有人碰過這種事，何況香腸很美味。**思考熟悉的資訊時，我們的反應比較迅速、接受度比較高，這種傾向稱為可用性捷思**(availability heuristic)。

人類的心智源自大腦，而大腦形成的時空背景和現代的日常狀況迥異。過去幾百萬年來，我們的時間多半花在和不到一百五十個人相處，對世界的認知就建立在這些日常生活的案例上。大眾媒體、統計數據和科學發現遠比我們親眼所及的事物更難消化。俗語說「眼見爲憑」就是可用性捷思的寫照。

政客時時都在利用可用性捷思。每次聽到他們開口說：「我在密西根州遇見一位兩個孩子的母親，她因爲缺少……補助而失業」諸如此類的話，就可以知道他們希望用小故事左右你的意見，讓你以爲一個例子代表著更廣大的一群人。

相信擺在眼前的實例要比接受數據和抽象的事實容易許多。

校園槍擊在科倫拜中學事件後被視爲一種新危機。這起事件徹底改變了美國校園裡學生受到的待遇，成千的書籍、研討會和影片都是爲了剖析這股突然興起的暴力現象而生。然而事實是校園槍擊案並未增加。根據《恐懼的文化》(*The Culture of Fear*) 作者葛萊斯納 (Barry Glassner) 的研究，在媒體大幅報導科倫拜與其他校園槍擊事件的期間，校園暴力事實上還減少了三十%。在科倫拜事件之前學生被槍擊的機率反而更高，但那時候媒體的報導有限。平均來說，學生被雷擊的機率還比被同學槍擊高了三倍，學校卻持續戒備，有如這種事件隨時可能重演。

特沃斯基 (Amos Tverksy) 和卡納曼 (Daniel Kahneman) 率先於一九七三年的研究中提出可用性捷思。受試者必須聽錄音帶裡大聲朗誦的人名，當中包括十九個很知名與二十個受試者沒聽過的男性名字，他們也用女性的名字重複實驗。受試者聽完後必須盡可能回想剛剛的名字，或是在名字庫中把名字指認出來。大約六十六%的人比較能想起名人的名字，不熟悉的名字想不太起來；八十%的人表示，這一連串名字裡是名人的比較多。前文 r 出現在第三個字母的字頻測驗也是他們兩個想出來的實驗。這兩項研究都顯示出**一則資訊的可得性愈高，大腦的處理速度就愈快；處理速度愈快，就愈會相信它而忽略其他資訊**。

買彩券時，你會想像自己像電視上那些號碼被搖出來而一夕成名的人一樣中大獎，因爲那些沒中獎的人可沒機會露臉。但比起中獎，你在買彩券途中死於車禍的機率要大得多，但這則資訊的「可得性」較低。你不用統計數據思考，而是用實例和新聞報導來思考。說到買樂透、西尼羅病毒恐慌、隨機殺人案件等，可用性捷思會比事實先影響到你。你會依想像的難易度決定未來事件發生的可能性，如果你已經被新聞報導不斷轟炸、腦中充滿恐懼，那些畫面就彷彿一層陰影，可能讓你看不到反面的新資訊。

盲點 10

需要急難救援時，愈多人在場，愈不會有人伸出援手。⬇旁觀者效應

✕ **誤解** 有人受傷，大家會趕過去幫忙。

○ **真相** 愈多人一起目睹有人遇難，愈不會有人伸出援手。

如果你的車子拋錨手機又不通，你覺得在哪裡比較容易獲得協助？鄉間還是鬧區街上？可以確定的是，在鬧區看到你的人一定比較多，而在鄉間道路上可能得等上好長一段時間才會有人經過。所以，選哪一個呢？

研究結果是在鄉間道路得到協助的機會比較大，爲什麼？

你是不是有過這樣的經驗，**看到別人的車子在路邊拋錨心想我是可以停下來幫忙，不過一定會有其他人這麼做吧。每個人都這樣想，卻沒有人停下來，這就叫做旁觀者效**

應 (bystander effect)。

女模布德莉 (Eleanor Bradley) 一九六八年在一家人潮眾多的百貨公司裡跌傷腿，長達四十分鐘的時間，大家只是從她身邊經過，最後終於有一名男子停下來看看她出了什麼事。在二〇〇〇年紐約中央公園的一場遊行中，一群年輕男子攻擊了六十名女子，成千上萬名民眾都看到，卻沒有人打手機報警。兩起事件的禍首都是旁觀者效應。身在人群中，你挺身相助的意願會降低，這是受到其他人可能會採取行動的影響。每個人都以爲會有人行動，但大家都在觀望的結果就是沒有人眞的行動。

最能代表此現象的案例是珍諾維斯 (Kitty Genovese) 的故事。根據一九六四年的報紙報導，她在凌晨三點時，人在紐約公寓住家前的停車場被歹徒刺殺，攻擊者在她大喊求救時逃跑，三十八名目擊者無人伸出援手。報導繼續指出，長達三十分鐘的時間內，歹徒一次又一次返回原地行兇，而當時許多民眾只是在周遭公寓的窗戶內看著。這起事件後來被完整揭露，是一則相當聳人聽聞的報導，消息一曝光就引起了心理學家對此現象的強烈興趣。故事爆紅後不久，社會心理學家就開始研究旁觀者效應，推論出當有人需要緊急救援時，若愈多人在場，愈不會有人伸出援手。

一九七〇年，心理學家拉丹 (Bibb Latane) 和達立 (John Darley) 設計了一個掉落鉛筆或銅板的實驗，有時候是身處人群，有時候身旁只有一人。實驗做了六千次，結果呢？

身處人群時有二十%的機率有人幫忙撿，身旁只有一人時卻有四十%的機率。他們決定把風險提高，這次請受試者填寫問卷，幾分鐘後房間內的通風口開始竄出煙霧。此實驗有兩組作對照，其中一組受試者是獨自一人，另一組則有另外兩人陪同。獨處者大約五秒鐘就起身，嚇壞了；身處群體者平均要二十秒鐘才察覺有異。獨處的受試者會起身檢查煙霧，再走出房間告知實驗人員有狀況；群體中的受試者則是坐在原位看看別人，直到煙濃到看不清問卷。群體組在八回的實驗中只有三人離開房間，他們平均在六分鐘後才起身。

此實驗結果顯示人在群體互動中會擔心出糗。你看到煙霧，但不想像個笨蛋大驚小怪，所以先瞄一下另一個人在做甚麼。另一個人也是如此想，於是你們兩人都沒反應、都不驚慌。第三個人看到你們倆舉止一切如常，就更不會大驚小怪。加上另一個心理現象「被洞悉錯覺」(illusion of transparency) 在搞鬼，每個人都在影響彼此對現實狀況的認知。你以爲別人光用看的就能知道你的所思所感，你以爲其他人看得出來你很擔心冒煙，一點也不，他們想的和你是同一回事，於是沒有人驚慌。這造成了多數無知 (pluralistic ignorance) 的心理，每個人想的都是同一件事卻認爲只有自己如此。在房間裡煙霧瀰漫的實驗結束後，每個人都表示內心其實很害怕，但身旁沒有人驚慌，於是認定是自己多慮。

研究人員決定再次把風險提高，受試者在塡問卷時聽到了女性實驗人員在另一房間大喊腿受傷了。獨處者有七十%的人離開房間前去查看，身處群體者只有四十%這麼做。如果你獨自在橋上看到有人溺水喊救命，你會比身在人群中更急著跳下水救他脫困。因爲只有你在的時候，救人的全部責任都在你身上。而**當你認為需要幫忙的人是為他們認識的人所害，旁觀者效應會增強**。一九七八年夏特藍 (Lance Shotland) 和絲卓 (Margaret Straw) 的實驗安排一男一女假裝打架，如果聽到女子大喊「我眞不知道自己怎麼會嫁給你！」，旁人多半不會插手；但如果聽到的是「我不認識你！」，六十五%的人會伸出援手。其他有許多研究顯示，只要一個人率先幫忙，其他人就會加入。不管是捐血、幫別人換輪胎、給街頭藝人一點錢或是阻止一場打鬥，一旦看到有人帶頭做榜樣，大家就會加入。

最後一個貼切的例子是好撒馬利亞人實驗 (Good Samaritan experiment)。達立和貝森 (Batson) 在一九七三年聚集了一群普林斯頓神學院的學生，請他們準備一場關於聖經裡好撒馬利亞人寓言的演說。寓言的重點在於停下來幫助有需要的人，路加福音裡耶穌告訴門徒，有個旅人被打被搶被丟在路邊奄奄一息，一位祭司和一名路人只是走過，但有位撒馬利亞人停下來伸出了援手。傷者是猶太人，而撒馬利亞人通常不會幫助猶太人。塡完一些問卷趁著故事的印象還深，幾組學生被告知要到隔壁大樓演說，但已經遲到，其他組則被告知時間還很充裕。在他們前往的路上有個工作人員假裝昏倒在呻吟，很不舒服需要救助。時間充裕的學生約有六十％停下來幫忙；那些趕時間的學生呢？只有十％伸出援手，有些甚至跨過工作人員走掉。

我們從這些實驗當中可以學到，在幫助別人時你沒有那麼聰明。不管是擁擠的室內或是鬧區的街上，大家都不會行動，只會面面相覷。

知道了這點，你就應該在人群中伸出援手，或是在災難時帶領大家逃離，因爲不用懷疑，不會有其他人這麼做。

盲點 11

爲什麼走音王也敢秀上 YouTube。➡ 達克效應

✕ **誤解** 你能預測自己在任何場合的表現好壞。

○ **真相** 你預估自身能力和任務的複雜度經常很不準。

想像你很會玩某種遊戲，像是下棋、快打旋風、撲克牌，任一種都可以。你常和朋友玩，而且每玩必贏，你變得很厲害，覺得自己可以參加比賽。你上網搜尋下一屆的社區大賽，付了報名費，然後第一輪就被電得慘兮兮。結果證明你其實沒有那麼聰明。你一直以爲自己是高手中的高手，但你不過是個業餘玩家。這就是達克效應(Dunning-Kruger effect)，人性的基本元素。

想想過去幾年在 YouTube 上爆紅的人，我是說要槍要得很遜和唱歌大走音的那些。

他們的表演很可怕，諷刺的是他們並不自覺。眞的很令人傻眼，眞想不透怎麼會有人願意在全世界都看得到的平台上出糗。其實是因爲他們沒想到，全球的觀眾比他們平常表演面對的親友、同儕這一小群人更見多識廣。如哲學家羅素（Bertrand Russell）所言：「現代社會裡的愚人自信滿滿，智者卻時時充滿懷疑。」

因爲有達克效應，才有《美國達人》（*America's Got Talent*）和《美國偶像》（*American Idol*）等選秀節目的存在。在社區卡拉ＯＫ吧裡你可能最會唱，站上全國性的舞台呢？那就不見得了。

你是否想過爲什麼擁有氣象或生物高學歷的人不會上網辯論全球暖化或演化的議題？通常你對一門學問知道的愈少，就愈不認爲自己還有什麼不足，只有在累積一點經歷後才會認清自己尚待探索的領域既深且廣啊。

當然，這些是很普遍的狀況。經濟學家翰森（Robin Hanson）在二〇〇八年指出達克效應之所以會在選舉前變成熱門詞彙，是因爲它可以用來把對手描繪成蠢蛋。

達克這一詞實際上是源自由康乃爾大學的克魯格（Justin Kruger）和達寧（David Dunning）在一九九九年所進行的研究。他們要學生參加幽默和邏輯測試，然後自己預估分數。有些人可以準確預估自己的能力水平，有些認爲自己很沒幽默感，結果也確實如此；有些自覺自己比大多數人會講笑話，這股自信也得到證實。所以囉，有時候擅長某事物的人對此有充分自知，並且能準確預估分數，但不總是如此。從整體來看，這個研究的結果是人們並不擅長評估自己的能力。

後續有更多的研究試著推翻達克效應非黑即白的論點：缺乏能力的是最沒有自知的一群。二〇〇六年蓓森 (Burson)、賴瑞克 (Larrick) 與凱雷曼 (Klayman) 的研究顯示「以簡單的任務來說，有正向偏誤，表現最好的人也最能預估自我水平；但以困難的任務來說，有負向偏誤，表現最差的人反而最準確。」

所以，**達克效應不光是在講把明明很平庸的你想成超級厲害，還可以進一步闡釋如下：你愈專精、練習愈多、經驗也愈多，把自己拿來和別人相比的能力就愈好**。在你努力精進的同時，你更能看清自己的不足。留意到複雜度與眉眉角角，你才能看出誰稱得上這領域的大師，和他們相較也才能認清自己何處尚待精進。相反地，你愈不專精、練習愈少、經驗也愈少，把自己拿來和別人相比的能力就愈差。周遭的人沒拆你台，若不是因爲他們所知和你一樣有限，就是不想傷感情。相較於新手的些微優勢讓你誤以爲自己很強。達爾文說得好：「無知比知識更能帶來自信。」不管是彈吉他、寫小說、講笑話還是攝影，什麼都一樣，業餘玩家比專家更容易以爲自己是專家。受教育的目標不只是加深已知，更在學習未知。

近期火紅的實境節目就是達克效應的最佳寫照。一票電視圈的渾蛋靠著讓外貌姣好但缺少才華的人以爲自己是天生藝人來維生，實境秀明星被包覆在厚厚的夢幻泡泡裡，逃也逃不出。某些時候，觀眾也在知情的情況下看笑話，然而身處悲劇中心的人卻是渾然不自覺。

從新手進步到業餘，然後成爲專家，再到大師，這些階段之間的界線模糊難辨。愈往上所花的時間愈長，**在新手成為業餘階段，時間感覺過得特別快，這也是達克效應容易產生作用的時期，你以為同等的練習可以讓你從業餘晉身為專家，實則不然**。

每個人不時都會經歷達克效應。誠實面對自己、認清自己所有的錯誤和短處不會讓生活比較好過，無能、窩囊的感覺讓人失去動力，但你得從這些情緒中振作，每天才有勇氣起床。放在光譜上來看，如果一端是伴隨強烈不安的躁鬱，另一端就是過度樂觀的達克效應。

別被達克效應這朵烏雲矇蔽。想在某領域出類拔萃就必須練習，然後參考畢生以此爲業者的表現，用他們作爲範本超級比一比，然後抱著謙卑的心學習吧。

盲點 12

每個月會發生一次百萬分之一的奇蹟。⬇幻想性錯覺

✕ **誤解** 有些巧合實在是太神奇了，一定代表著某種意義。

○ **真相** 再怎麼離奇，生活中本來就會出現各種巧合，任何加諸其上的意義都是你在心中穿鑿附會。

多年來編劇和小說家已經掌握了幾套不用過多闡釋就能理解的情節，可以滿足每一位觀眾及讀者。

每個故事裡都需要一名觀眾能夠認同的英雄人物。在他時運不濟落難時，大家會覺得他像是自己人；若他能勇敢面對逆境，大家想都不想就會爲他加油。主角一開始會在不是非他不可的情況下熱心助人，你也因此對他有了好感。在另一頭，你也需要

一名會隨便傷害別人的反派來作對比，他罔顧理法，不計一切只為滿足一己之私。主角放棄平凡的生活展開冒險，眼看快要失敗了，但他終究會克服自身的弱點擊敗壞蛋，有時還會順道拯救世界。最後返家時他已經出落成更好的人。如果是齣悲劇的話，他在結局的處境會比一開始還慘。

神話學大師坎貝爾（Joseph Campbell）窮其一生在找出全人類共通的神話，也就是每個人心中都有的故事。他稱上述情節為「英雄的旅程」，如果回想一下這些年來看過的所有電影與書籍，你會發現幾乎所有故事都是以此為藍本，再略加改編。不論是民間傳說、戲劇、電影或電玩，英雄旅程的故事萬變不離其宗，總是能夠開啓你的心門。

你很愛看片酬高得嚇人的巨星演出專業的虛構故事，因為人天生習慣用畫面和故事來思考，而故事有起承轉合，也可以從角色中看到你生活周遭人物的影子；反觀數學、科學與邏輯要比社交情境難理解得多。你深知自己在人生故事中扮演什麼角色，有哪些人和你同在這個舞台，但就像看過的電視與電影，你的記憶會刪除無聊的片段，專注在故事的高潮，也就是重要情節。

像推理這類故事之所以受歡迎，是因為你常認為這種情節就發生在現實生活中。在《達文西密碼》這類的懸疑片，或是像《Lost 檔案》這類圍繞神祕事件所鋪陳的電視影集中，線索東一個西一個出現，最終都能神奇地串連起來，慢慢浮現的拼圖強烈地吸引住你，讓你抵擋不住，讓你不停往下翻頁，或是不斷換播下一片光碟，渴望知道最後的結局。

如果你是在現實生活中這麼做，就叫做幻想性錯覺 (apophenia)，這一個統稱涵蓋了德州神槍手謬誤和幻想性視錯覺 (pareidolia) 等心理現象。當你犯了德州神槍手謬誤，你會在一連串隨機事件周圍畫上紅心，認定這一團混亂中有某種意義，但其實大錯特錯；犯了幻想性視錯覺，你會把雲朵或木材的形狀誤看成人形或人臉；至於幻想性錯覺，就是你不肯相信一切事件與訊息只是雜亂的，不相信偶然與巧合。

生活中出現時間上的巧合時最容易產生幻想性錯覺。時間上小小的巧合會看似有意義，即使你明知不是。如果日期的排列上有某種趣味，像是二〇一三年一月四號，諧音爲愛你一生一世，大家就會討論。本來應該隨機出現的事物突然跳出某種順序，你很難當作沒看見。這次看到時鐘指到十一點十一分，下次再看鐘時恰巧是十二點十二分，你會覺得好妙，歪一下頭，然後繼續做手邊的事。時間上的巧合也可能發生在較重大的事件上，如果你夢到可怕的水災，結果起床打開電視看到晨間新聞報導很遠的地方發生洪水沖毀了成千上百的房子，背脊沒有一陣發涼才怪。

明明只是巧合與隨機，你偏偏覺得事出必有因，這時幻想性錯覺才會發作。你可能認爲果然是禍不單行，但其實「禍事」是日常生活中避不掉的一環；發現自己和十幾個你很喜歡的名人同一天生日，可能覺得驚喜，但事實是不管你是哪一天生日，大約都有一千六百萬人和你同日生；你可能以為二十三這個數字出現如此頻繁，一定具有某種神祕力量，事實上它並不比任何其他的數字出現的機率高；也許你賭了一整晚，堅信自己已參透發牌的模式或吃角子老虎機的公式，但機率其實從來沒有改變過；你或許以為某人連中三次樂透是不知燒了什麼好香，但同一個人多次中樂透的情況其實並不罕見。

把生活中的點連成線，編成故事穿鑿附會，這就是幻想性錯覺。好比過馬路時有個流浪漢抓住你的襯衫拉你一把，幫你躲掉一台呼嘯而過的摩托車，你想給他一點錢謝謝救命之恩，對方婉拒了。隔天你在報紙上讀到你居住的縣市中遊民人數不斷成長。再過一個禮拜，你上網找工作，發現有個社工職缺，剛好是在你一直很想去住的地方。你或許會想，在你的人生故事中，這些情節都在指引你找到為弱勢族群打拼的宿命。你辭掉工作、離鄉背井、為理想付出。從這角度看來，幻想性錯覺不見得是壞事。你需要有意義才有動力起床，也才能打敗惰性前進。但要記住的是，意義始終來自內心。

大腦生來就會留意秩序，即使這秩序是由我們的文化而非神經系統所定義。古希臘與巴比倫人相信數字都有特殊的神聖意義，於是替人生各面向都賦予數字化的價值。早期基督徒也很喜歡做同樣的事，例如用數字三來比喻眞神三位一體。在所有宗教及文化中，某些數字因爲具有特殊意涵，地位會高過其他數字。一旦是這種狀況時，幻想性錯覺就會讓人更容易注意到這些數字。一般來說，我們因爲從小習慣使用十進位，會特別喜歡一些整齊的數字。在有得選擇的情況下，幻想性錯覺會讓你按有意義的數字作分組，像是十、五十和一百等等。而以整個社會來說，紙鈔單位的產生同樣是基於對這些數字的好感。

當幻想性錯覺發生時，懷疑論者喜歡提出巨數法則作爲反駁。巨數法則說的是在數量龐大的事件樣本中，自然會出現許多巧合。在住著近七十億人口的地球上，歪打正著的巧合多的是機會發生。當人們發現巧合，便會記住然後告訴別人，有時候甚至一路炒成新聞。巧合沒發生時就沒人會留意，最後你耳朵裡只迴盪著一則又一則的故事，怎麼也不相信純屬巧合。

劍橋大學數學家李特伍（J. E. Littlewood）在一九八六年的著作《數學家雜集》（*Littlewood's Miscellany*）中寫到巨數法則。他表示一般人每天有警覺的時間大約是八個小時，平均每秒都有某件事發生，以這樣的頻率算來，每三十五天就會有一百萬件事發生。這就意謂著，對你來說某事發生的機率若是百萬分之一，其實就是每個月一次。而所謂「每個月的奇蹟」就稱爲李特伍法則（Littlewood's Law）。

幻想性錯覺往往源自最容易發生的一種錯覺，那就是肯證偏誤。你只看到想看的，其他訊息統統視而不見。當你想看到的是有意義的東西，就會忽略掉生活中那些無意義的事物。幻想性錯覺不只是在混亂中看到秩序，甚至相信這是命中註定會看到的；相信奇蹟很罕見，一旦發生奇蹟就該站起身記下來，仔細解讀它的意義。然而從數學的角度來看，這本書每翻一頁，奇蹟又在某處發生了一次。

盲點 13

我買 iPhone，因爲我不一樣就是不一樣。品牌忠誠

誤解 你喜歡自己買到的東西勝過沒買的東西，這是因為購物時做了很理智的選擇。

真相 你之所以會喜歡自己買到的東西，是因為把自己的選擇合理化，這樣才能自我感覺良好。

網際網路改變了人們吵架的方式。到任何一個留言系統、論壇或留言板上去看看，會發現網友在上頭吵得不可開交，激動地爭辯著自己買的產品爲何比較優。

把麥金塔與個人電腦、PS3 與 XBox 360 遊戲機、iPhone 與 Android 手機拿來超級比一比，例子族繁不及備載。

這種爭論通常會發生在男人之間，因爲不論受到的侮辱有多麼輕微，是男人都會挺身而出，通常會是爲了比較高價的宅男商品，因爲這些口水戰發生在虛擬世界中，科技高手在此容易變得口不擇言。而且產品愈貴，忠誠度也就愈高。

在網站的討論區裡，狂熱的粉絲常被稱爲瘋迷（fanboy），這個網路名詞源自一九七三年，是一場漫畫大會上書迷爲「Marvel 漫畫」所編的雜誌取的標題，但近幾年變得略帶貶意，泛指那些四處宣揚自己熱愛某樣東西的人。如果某人在網路上狂寫了十幾段話來捍衛自己所愛、詆毀競爭產品，他很快就會被貼上瘋迷的標籤。瘋迷不是什麼新現象，而是品牌建立的一個元素，早在桂格燕麥片於麻布袋印上那張親切笑臉時，行銷人與廣告商就知之甚詳了。

回到一八七七年，那時當然沒有什麼笑盈盈的桂格家族在製造燕麥片，而是桂格公司希望大眾能把旗下產品和桂格家的誠實可靠聯想在一起，這招的確奏效。

這樣的作法創風氣之先，爲的就是要建立品牌忠誠度（brand loyalty）。有了品牌忠誠度，大眾對特定品牌產生了若有似無的情感，變成擁護者與捍衛者，但其實這些公司根本不在意他們。

在貝勒大學進行的實驗中，用沒有商標的杯子裝可口可樂或百事可樂給受試者喝，再替他們戴上腦部掃描儀，儀器清楚顯示有些人在喝的時候比較喜歡百事可樂。但當得知喝的是百事可樂時，那些只喝可口可樂的人身上出現了令人跌破眼鏡的狀況。從掃描儀看出他們的大腦開始擾亂愉悅的訊號，甚至加以抑制，之後他們告知實驗人員在口味測試中比較喜歡可口可樂。

他們說謊，但以他們對這個測試的主觀感受來說，卻不是說謊。測試結束後他們確實覺得自己偏愛可口可樂，並且竄改記憶來符合感覺。他們在過去的某個時點產生了品牌忠誠，開始對可口可樂死忠。即使實際上比較喜歡喝百事可樂，但心理力量強大到無法承認這點，甚至對自己說謊。

把這類的忠誠加諸於昂貴的物品，或是需要投入大量時間與金錢的嗜好上，就會得出瘋迷，他們捍衛所愛並詆毀競爭廠牌或別的嗜好，如果事實與他們的偏愛相牴觸，就會漠視事實。

那麼，這種對產品或零食品牌的情感是怎麼產生的呢？

關鍵就在於「選擇」。

像衛生紙或汽油這類必需品不得不買，消費者被行銷人和廣告商稱之爲「人質」，因爲他們無法選擇不要買，所以比較不會在乎哪一品牌的衛生紙比別牌好用，或是哪一家加油站的油是殼牌 (Shell) 或雪佛龍 (Chevron) 提供的。

但如果是像 iPad 這類的非必需品，消費者就很有可能成爲瘋迷，因爲他必須選擇要砸下大錢才買得到。選甲不選乙，當中的曲折讓你有故事可說，而且通常和一個人的自我形象脫離不了關係。

品牌的建立就是這麼來的，你有機會藉由選擇與某些產品的奧妙特色畫上等號，描繪出你心目中的那個自己。

就像蘋果的廣告不提自家電腦有多棒，而是告訴你哪些人買了他們的電腦，用意在於鼓勵你大聲說：是呀，我可不是那種一板一眼的呆頭鵝，我有品味有才華，大學還修過藝術課。

蘋果電腦比微軟陣營的電腦好嗎？從經驗法則、資料分析與測試，還是各種客觀比較來看，有誰比誰好嗎？

這都不是重點，因爲早在做這些考量之前，消費者就已把自己看成爲擁有某項產品的那種人。如果你覺得自己是會擁有蘋果電腦、開著油電混合車或抽駱駝牌香菸的人，你已經被品牌收買了。一旦你被「品牌化」，就會捍衛自己的品牌，挑剔別的品牌，昭告自己所愛的優點。

這種行爲是由幾種認知偏誤加在一塊而產生的。

稟賦效應 (endowment effect) 讓你覺得擁有的東西優於你所沒有的東西。

心理學家爲了證明此效應，詢問一群人覺得某個水瓶應該值多少，大夥都同意約莫是一百五十元。然後其中一人免費獲贈水瓶，一小時後實驗人員問他願意用多少錢賣出水瓶，他通常會要求更高的金額，大約兩百四十元。擁有某個東西本身會增添特殊的情感價值，即使這東西原本不用錢。

另一種偏誤是沉沒成本謬誤 (sunk cost fallacy)，當你把錢花在不想要的東西或不想做的事情上，但又不能退錢時，這種謬誤就會發生。比方說，你可能花很多錢買到超難吃的外帶食物，但你還是把它吞下去；或是你發現看到爛片，還是坐在電影院裡撐著看完。

沉沒成本也會默默發生。你可能已經長期訂閱某項服務，但突然發現這筆開銷太大，但看在錢都已經花了的份上又不願中止。百事達比 Netflix 影音串流服務好嗎？TiVo 比一般數位錄放影機好嗎？如果已經花了很多錢訂閱，你就可能不願更換成其他業者，因爲你覺得對這個品牌有所投資。

這些偏誤助長了影響力超強的選擇支持偏誤 (choice supportive bias)，包括品牌忠誠、瘋迷症候群，還有在網路上爭論爲什麼自己的東西比別人的好等，這些行徑背後的最大元凶就是它。

選擇支持偏誤是這麼回事：好比你在買新電視時有一些選擇，在做決定前你會比較市面上所有機種的各項條件。哪種較優？三星還是索尼、電漿還是液晶、1080p 還是

1080i？哦，要考慮的點還眞多！終於你選定了其中一款，做完決定後你會回想並合理化自己的行爲，深信自己所挑的電視是所有選擇中最優的。

這在零售界是眾所周知的現象，商家爲了避免「買後反悔」(buyer's remorse)的現象，會儘量不要給太多選擇以免害你無所適從。研究告訴我們，如果在販售點的選擇有限，事後反悔的機率就比較低。

在選購的當下我們完全是受到情感驅使。大腦情緒中樞受損的人會變成像《星艦奇航》裡史巴克那種純邏輯生物，他們很難選東西，即使只是要選擇哪個牌子的穀片也下不了決定。他們會茫然地呆站在貨架前，仔細考慮影響決定的各種條件：熱量、形狀、淨重……等所有的面向。之所以下不了決定，是因爲對任何產品都沒有感情。

爲了防止作選擇後的心理交戰，儘管另一樣可能更好，對買下的這一樣死忠，你會讓自己覺得這麼選擇理所當然，於是降低因自我質疑而帶來的焦慮。

這一切的一切，有聯想、有情感、有自我形象的種種，還有你對擁有物的偏見等。

所以嚕，下次當你準備發表自己的手機、或電視、或汽車勝過別人家的一百個理由時，不要那麼義無反顧，因爲你不是想改變別人的想法，你只是想聲援自己的選擇。

盲點 14 棒球明星代言電池，要不要買？ ↓ 訴諸權威

誤解 你比較在乎的是資訊是否正確，而不是提供的人是誰。

真相 給訊息者的身分與學經歷背景大大影響你對內容的接受度。

教授坐在你對面，牆上掛滿他的學歷與證書，彷彿就在瞪著你，這時你要不感到重重壓力也難。巨大的辦公桌後面，擺放著各式書籍與古老雕像，在這古老神聖的建築物裡，似乎傳遞著整個學術界的能量與分量。

在他們發表對文明史的觀點時，你會認為他們的意見遠比你那整天收集番茄醬包的表哥更正確、更經過深思熟慮。你想的沒錯，跟你那著迷調味醬的表哥比起來，歷史教授確實更懂得羅馬帝國殞落的原因，以及後人能從中學到的教訓。**聊到專業領域**

時，那些投入畢生心力研究、或在某件事上精益求精的人的意見確實值得一聽，但是這並不代表他們所有的意見都是金科玉律。

如果這位教授告訴你他多麼希望「辣妹合唱團」(Spice Girls) 可以再度合體，並到校園演出，而你也因此決定要重新評估自己的音樂品味的話，你會不會犯了「邏輯謬誤」？**如果你僅是因為某人的身分或優秀的專業表現而認定他的意見比別人好時，你就犯了「訴諸權威」**(arguing from authority)。

跳進深海前，你是否該聽聽專業潛水老師的意見呢？當然要。但如果他們說親眼看過美人魚和海豚交配，你應該相信嗎？當然不囉。

爲了證明你有多麼容易受到矇騙，本書常會引用科學家對於特定行爲的共同意見。相信數千萬名研究人員數十年累積下來的研究而得到的證據，並不是謬誤。科學聚焦於事實，而不是發現這些事實的人，但是這並不代表一大群人便不會不小心認同到完全錯誤的事。

神經病理學家費里曼 (Walter Freeman) 因爲在罹患精神疾病患者的上眼皮處往腦內鑽洞，施行腦葉切開術，這個研究成果讓他在一九四九年獲頒諾貝爾醫學獎。有報告記載，他進行這項手術大約有兩千五百次，而且通常是在沒有進行麻醉的情況下。他把原本要在頭蓋骨鑽動的手術轉爲門診手術。一開始，他使用的是冰錐，最後研發出輕薄短小的金屬茅，讓他可以在槌子的敲擊下挖鑿眼窩後方。這項手術讓原本難以控制的精神病患變得比較平靜——但手術造成大腦嚴重受損，病患當然會變得比以前更平靜。這成了精神科治療病患的熱門選項，費里曼開著一台他稱之爲「腦葉切開行動車」(lobotomobile)的貨車，跑遍所有他到得了的地方傳授這個技術。在科學界予以糾正之前，大約有兩萬人透過這種方式接受腦葉切開手術。費里曼在全盛時期便備受批評，但是他這種努力持續了二十幾年，並爲他贏得最高桂冠。甚至連前美國總統約翰·甘迺迪的妹妹也曾接受過手術。如今，冰錐腦葉纖維切斷術備受醫學界責難，認爲那是治療精神疾病一種既野蠻又幼稚的方法。

冰錐腦葉纖維切斷術的興衰和「訴諸權威」有極大關係。費里曼及其他人在還沒取得嚴謹的科學證據前便搶先開跑，在缺乏證據的情況下，他們打著精神外科的名號，因爲可以方便行事。醫院歡迎他，他的權威無庸置疑，他把一個個需要協助的病患拉到身旁，然後將他們變成「行屍走肉」。二十年後，科學界的進步終於趕上費里曼，並揭露他的作爲從醫學觀點來看是多此一舉，而從道德層面來看甚至可以用恐怖來形容。他的執照被撤銷，去世時成爲一名被醫界放逐的人。彼時讚揚他的醫界，此時卻摒棄他。

這類物換星移現象在科學界頗爲常見，不過如今這種情況比過去少見許多，因爲過去比較無知。而多數現代的醫生以及科學捍衛者會投入反方研究、質疑每項新資訊，藉以防範「訴諸權威」現象，避免一九四〇年代神經學的事件再度上演。儘管如此，「訴諸權威」現象還是不時發生。無論是在教堂或立法機關，植物學界或商業界，當沒有人願意質疑權威時，便可能造成許多傷害。

你自然而然會尊崇那些德高望重的人，因爲他們擁有你所沒有的東西，你也希望能擁有他們的條件。因爲這個原因，我們有時候會認同那些爲怪教背書、或不走正規醫療路線的名人。

如果你因爲某位有聲望的人說了什麼，或因爲某些想法很流行、大有來頭，就比較相信，那麼「訴諸權威」就在你腦中發酵了。如果一件事情會引發爭議，通常代表有很多專家並不認同，**依據證據做出自己的結論，而不是看由誰在傳遞訊息，你才稱得上明智**。換言之，如果那是廣爲接受的共識，你便可以稍加降低懷疑，只要不是照單全收。

如果棒球明星向你推銷某個品牌的電池，不妨先問問自己，他們是不是電氣化學能源儲存設備的專家，再行動還不遲。

盲點 15

人類從未登月，除非有更多證據。➡ 訴諸無知

✕ **誤解** 當你無法解釋某事時，你會側重在可以證明的部分。

○ **真相** 當你不確定某事時，你比較可能會接受奇怪的解釋。

當你面對大自然，意識到自己如此渺小、所知甚少時，你的心會被一種愉悅的神奇感填滿。

小小種子如何長成參天橡樹？河流如何沖蝕出廣闊峽谷？宇宙如何從微小的一個點開始，爆炸成如今你看到的各種物質與能量？你正想著打電話給某人，某人便恰好打來說他也正好想起你，你會怎麼想？

當你拿自己確知的部分與無垠的未知領域相比時，很容易把一切歸因於神祕的不

可知。如果你沒有與最新的科學研究接軌，就可能會把渺小種子長成巨大植物這類概念歸在未知領域。你或許有遇過把磁鐵及史前時期巨石群這類事物視爲無法解釋的人。對這類事物心存敬畏的人會把它們視爲神祕的事物，或是相信箇中祕密超乎現代人類的理解範疇。因爲臣服於大自然的浩瀚及古人的天才而澎湃不已，不是壞事。爲神奇事物著迷，感覺眞好。

這類情緒的唯一問題是，科學已經可以解釋不少在你大腦內外的兩個世界。這對電視節目《未解之謎》(*Unsolved Mysteries*)、《雷普利之信不信由你》(*Ripley's Believe it or Not*)、《探尋》(*In Search Of*) 的粉絲們而言十分掃興。更近期則有《獵鬼人》(*Ghost Hunters*) 及《未解之謎》(*The Unexplained*) 因爲介紹令人毛骨聳然的古怪事件而收視長紅，儘管那些早就被科學推翻了。

出了科學領域，神祕的新時代 (New Age) 道具，像水晶及占卜杖之類的，都是在利用你的「模式辨識」(pattern recognition) 傾向。你會想尋找因果關係，當原因不明時，你若把所有可能的原因一視同仁，便會犯下邏輯謬誤。

你走進一棟老舊房子會感到怕怕的，會不會鬧鬼？那些奇怪的吱吱嘎嘎及碰撞聲是靈界想要和你溝通嗎？天空中奇怪的光是外星人打算要把農人抓去研究嗎？森林裡那些足跡是來自友善卻飽受誤解的北美野人 (Sasquatch) 嗎？

會想成是超自然現象，大多是犯了「訴諸無知謬誤」(argument from ignorance fallacy) 的結果。簡而言之，**你在無法找到反證的情況下判斷什麼事是對是錯。你不知道真相是什麼，因此假設任何解釋都一樣好。**那些光可能是外星人的太空船，也可能不是。你不知道，因此你認爲，是來自跨銀河訪客的可能性，大約和來自遠方直升機一樣大。

不知道的事，你沒辦法反駁，因為沒辦法提出反證，你就會掉進「訴諸無知謬誤」，以為那件事有可能發生。你知道這本書現在就在你手上，但是當你離開房間後，你無法確定它是否會活過來，偷偷靠吃掉堆積的灰塵維生。儘管如此，你不會想在晚上把這本書鎖起來，以防它累積足夠的能量來吃掉你的臉。你無法反駁這本書會偷偷想吃肉，這也並不會增加它發生的機率。我們對小妖精及獨角獸、吸血怪物卓柏卡布拉 (chupacabra) 及尼斯湖水怪的看法也如出一轍，這些東西不會因爲你無法證明牠們不存在，而變得比較可能存在。

在缺乏證據的情況下，你無法確認、也無法否認某個主張。其他星球有生命存在嗎？我們不能因爲目前還沒找到就說有或沒有，不管你偏好的答案爲何，沒有證據，就不該覺得自己的假設是對的。但另一方面，你也不能因爲沒有直接證據，就連其他間接證據也都不接受。麥可．傑克森是來自未來的時空旅人、出現的目的是想要傳授這個世界「月球漫步」的舞步？你無法證明這個說法絕對是錯的，但是有足夠的反證可以認定他只是一名出生於一九五八年的歌手，而不是來自二〇二二年。

有人認爲二次大戰猶太大屠殺不曾發生過，或人類從不曾踏上月球，但是這兩者都有充分的證據可以佐證。拒絕相信的人宣稱，他們需要有更多證據才願意相信，但是再多的證據也無法說服他們，只要有任何疑慮都會讓他們「訴諸無知」。

盲點 16

通過這個案子，我們統統都會變成罪人。→稻草人謬誤

誤解 爭論時，你會試圖就事論事。

真相 在任何爭論中，憤怒會誘使你重新建構對手的立場。

吵架快吵輸時，你常會利用各式各樣的技倆來強化自己的意見。並非你想要耍卑鄙，而是當你生氣、和別人打口水戰時，人的心智模式往往免不了走上這一途。

有種十之八九會出現的邏輯謬誤稱做「稻草人謬誤」(straw man fallacy)，即便發生的機率這麼高，你通常不會注意到自己正在使用，或是別人正用它來對付你。

當你和某人因爲私事、或是抽象的公眾議題起爭執，你有時候會丟出一個你覺得比較容易駁倒、罵贏以及好唱反調的東西；有時你會創造一個根本不是對方在表達或

捍衛的立場，那就叫稻草人。

「稻草人」發生的機率極為頻繁，當專業辯士及倡導科學的人在表達己見、否決他人主張時，他們都有受訓去發覺自己及對手使用的「稻草人謬誤」。**「稻草人謬誤」把對手提出的事實與主張，用自己創造出來的、比較容易打敗的論述取代掉。**

「稻草人謬誤」有個屢見不鮮的模式可循。你先建立稻草人，然後攻擊它，接著強調要擊敗它是多麼容易，然後自己下結論。

例如，你和某人爭辯是否應該允許大眾養寵物雞。你認為雞是可怕的生物，拜你童年時曾在動物園可愛動物區被一隻惡狠狠的母雞修理過的不幸所賜，打從那時候起，你立志要讓家禽和小朋友保持安全距離。你的對手卻想修改都市條例，好讓他可以飼養出五花八門，甚至長得像海葵的雞，然後把牠們賣到寵物店。

你說，「如果我們讓大家在後院飼養雞，沒多久牠們就會出現在大街上、地鐵裡。最後大家會帶牠們去上班，牠們和家人的合照會出現在聖誕卡片裡。在那樣的世界裡，家禽產業會變成什麼樣的光景呢？沒有人想吃可以當寵物養的東西。我不認為我想活在那樣的世界，你會想嗎？所以，我們不應該允許這項條例通過。」

在創造如果對手贏了世界將陷入一片混亂的幻想情節時，你做了一個稻草人。弊害顯而易見，要辯贏你很不容易，但那其實並非對手的主張。現在，你的對手必須自清，得向所有的人保證他無意看到連鎖餐廳因爲他的提案而關門大吉。他必須反駁你發明的禽類末日說，而不是指出大家可以在家合法飼養幾隻禽類的合理性。

在任何一場針對爭議性主題所做的辯論裡，你會看到正反雙方都在丟出稻草人。有時候人們把它轉化爲一種警告，讓大家認爲如果對手贏了，人類勢必陷於萬劫不復的境地。任何時候當某人以「所以你是說我們應該都只……」、「人人都知道……」作爲攻擊的發語詞時，包準要看到稻草人出場了。如果對手提出一個想法，讓你或其他人開始想像未來水深火熱的景況快來臨了，一定是因爲有稻草人存在。稻草人也可能因爲無知而誕生。如果某人表示，「科學家告訴我們，我們都是猴子變來的，那是爲什麼我想在家自學的原因。」這人在運用稻草人，因爲科學並沒說我們都是由猴子演化而來。

下次當你不贊同某人的意見，留心你或對方是否開始拿稻草出來紮人了。記住，無論是誰這麼做，都犯了邏輯謬誤，即使他們贏了面子，還是輸了裡子。

盲點 17

他既然騙過人，車極可能是他偷的。⬇ 對人不對事謬誤

✕ **誤解** 如果無法信任某人，你應該不要理會他的主張。

○ **真相** 某人說什麼及他為何這麼說，應該分開來看。

有時候，和別人吵到不可開交時，你會開始罵三字經。你作人身攻擊，而不是駁斥對方的主張。當你認爲對方很齷齪或很無知，比較容易聽不進他的話。罵別人老頑固、白癡、或笨蛋，感覺很痛快，但是這樣並無法證明你對他錯。

這個道理你懂，但是你不會注意到自己正在這麼做。**如果你因為某人的為人或他所屬的社群，便先假定他錯了，你便犯了「對人不對事謬誤」**(ad hominem fallacy)。*ad hominem* 是拉丁文，意指「針對個人」，事情不能掌控了，你有時候便會把吵法帶到那

個方向去。

想像自己是一起汽車竊盜案的陪審團員，檢察官可能會把被告的過去一一挖出來，揭露他過去犯過的罪，或請證人出來指證他曾經騙過人。一旦埋下這傢伙是騙子也是小偷的種子，你對案件的看法或許就會產生動搖。無論被告說了什麼，你腦袋的某處總會浮現疑惑，因爲你怎麼能夠相信一個騙子說的話。如果被告跟你說，天空是藍的、麵包是可以吃的，你毫無疑問會接受，這時謬誤不會發生。一旦他們說的是你無法確知的事，你就會被這個謬誤影響。如果被告說他沒有偷車子，律師對人不對事的攻擊可能會導致你忽略證據，犯下邏輯謬誤。

如果有一位傑出的科學家被抓到研究造假呢？你會把他們過去所有的研究都當成鬼話嗎？如果在這次不道德行爲以前的所有研究都有經過同儕認眞地審核監督過呢？你很難不把「投機」與「沒有原則」等標籤貼在他身上，此處的邏輯失誤是假設他所有的研究成果都是假造的，只因爲他是你已貼上標籤的那個人。你或許也是這麼看待報導中錯誤百出的新聞記者，你認爲如果他編造了一則報導，很可能其他所有的報導也都是杜撰的。你很有理由抱持懷疑的態度，但是依據別人給你的感覺便急著下結論，這樣不對。

或許有人批評你的開車技術，而你回敬他說：「哪輪得到你來批評我呀，你自己的開車技術才是全世界最差哩！」這便是「對人不對事謬誤」。你攻擊人、而不是他們的主張，目的是爲了反駁。

光是罵別人王八蛋並不算謬誤。你必須依據糾紛發生前你對他們人格的評價來貶損對方，才算犯了「對人不對事謬誤」。如果你因爲某位有毒癮的人浪費錢財購買毒品而不肯聽取他給的理財意見，你便正在與謬誤共處。如果一個老菸槍告訴你，他認爲在餐廳抽菸應該要合法化，你不能因爲他是利益關係人便揮揮手駁斥他們。或許他有獨到的看法、也或許沒有，但是他有抽菸的事實並不用考慮進來。

一則政治上的抹黑廣告或許會訴諸「不要把票投給蘇珊．史密斯，她在大學時期有用過巫毒術」此類的內容。某人用過巫毒術，不代表他沒有能力平衡預算。政治人物希望在他們指出對手過去和誰爲友、和誰有生意往來時，你會犯下「對人不對事謬誤」。和誰往來就有錯通常是「對人不對事謬誤」在作祟。如果他們交往的對象是壞蛋或瘋子，他們也可能會是罪犯或瘋子。但他們的政見以及他們和誰一起烤肉，是兩碼子事。

然而，這並不是說當你看到有人穿著香蕉道具服、吹著長笛，還揹著一個寫著「世界末日將至！」的標語，你便該飛奔回家和家人吻別。避免陷入「對人不對事謬誤」，不代表你聽到什麼都得照單全收。儘管如此，按照邏輯你也無法百分之百肯定香蕉人是錯的，或許世界末日是近了，但是你應該依據他呈現的事證來判斷。如果他說是偷聽到鴿子說的，你應該就可以一笑置之。

「對人不對事謬誤」也可能反過來操作。你可能因為某人談吐不俗、或擁有一份高尚的工作而假設他值得信任。我們很難相信一位太空人會穿著尿布，開車橫越大半個美國去殺了她愛人的老婆，但這確實發生過。如果你是這名太空人謀殺案的陪審團員，而你因爲對太空探險家的尊敬而拒絕相信事證時，逆向的「對人不對事謬誤」就在讓你自欺。

你往往把人看成有固定人格，並喜歡從別人的行爲中尋找一致性，這通常是好事，因爲有助於幫你挑出誰值得信任。猜測某人是否可以信任以及納悶他有沒有說實話是兩回事。在人類長久以來的演化史中，識人的能力很受用，卻可能矇蔽你的邏輯。你或許很會看人，但是你分辨事證的能力也得夠厲害才能避免誤判。

盲點 18

行爲端正，壞事就不會上門。⬇公義世界謬誤

✕ **誤解** 在人生遊戲裡的輸家，必定是做了什麼罪有應得的事。

○ **真相** 幸運兒通常是天生命好；壞人為非作歹經常也可以全身而退。

一個女子穿著三寸高跟鞋及迷你裙去夜店，沒穿內衣。她喝得爛醉，回家時踉蹌地走錯方向。最後她迷路了，跑到治安很差的地方，然後被強暴。

她自己要負一些責任嗎？那是她的錯嗎？那是她自找的嗎？

在研究中，給予類似的情節，問上述三個問題，人們通常都回答「是、是、是」。聽到那種你希望最好不要發生在自己身上的事時，你往往會責怪受害者，不是因爲你人壞，而是因爲你想要相信自己夠聰明，懂得避開同樣的命運。你把受害者應該承擔

的責任放大，變成你永遠不會去做的事。然而事實是，強暴極少是受害者的錯誤行爲所導致的。強暴犯通常是熟人，和受害者穿什麼、或做什麼沒有關連。做壞事的人才是該受到譴責的一方，但是多數的呼籲和宣傳都把焦點放在婦女身上，而不是男性身上。傳遞的訊息簡單一句就是：「別做什麼可能害自己被強暴的事。」

在小說裡，邪不勝正向來是真理，那是你想看到的世界，非常公平與正義。在心理學上，相信真實世界便是如此運作的想法，就叫做「公義世界謬誤」(just-world fallacy)。

更明確地說，看到無家可歸或是毒癮這類可悲命運時，你我常會出現這種反應，相信淪落至此的人必然是做了什麼才會這麼活該，這裡的關鍵是你覺得他們「活該」，而不是不好的選擇可能招致不好的結果。「公義世界謬誤」幫你營造出安全感的假象。**你想要感覺到一切都在掌控之中，因此假設只要沒有不好的行為，就不會受害**。當你相信那些行爲不當的人最終都會淪落街頭、被搞大肚子、吸毒、或更糟糕，你便會覺得安全些。

在勒納 (Melvin Lerner) 及西蒙斯 (Carolyn Simmons) 於一九六六年做的研究裡，他們讓七十二名女性觀看一名婦女解決問題，如果她搞砸時就會被電擊。那名婦女實際上是演的，但是觀看的人並不知情。當被要求形容那名被電擊的婦女時，受試的那些女性會貶低她，批評她的性格及外表，並說她咎由自取。

勒納也在教授一門社會與醫學的課程。他觀察到，許多學生認爲窮人是只想乞討的懶人。因此，他進行了另一項研究，拿謎題請兩個人解，結束時，任選其中一人給他一大筆獎賞。在旁觀看的人也被告知獎賞完全是隨機決定的，然而稍後請他們評價這兩個人時，受試者說獲獎那個比較聰明、比較有才華、比較會解題，也比較有效率。在他的研究之後又有更多人進行大量相關研究，大多數心理學家都得到相同的結論：**你希望這個世界是公平的，於是就假裝事實如此**。

「公義世界謬誤」也許是與生俱來的，無論你是自由派或是保守派，這種想法會影響你聽到他人苦難時的情緒反應。在由瑞典林雪平大學 (Linkoping University) 的松伯格 (Robert Thornberg) 與克努森 (Sven Knutsen) 於二〇一〇年發表的研究中，研究人員請青少年解釋爲何會發生校園霸凌事件。儘管多數學生表示是因爲霸凌別人的人渴望權力而且品性不良，卻有四十二%的人責備受害者讓自己太好欺負。請自問，當你看到有人在學校霸凌別人，你是不是認爲受害者應該勇敢捍衛自己？你認爲那些被騷擾與嘲弄的人應該學習怎麼穿著、怎麼舉止有自信、學會隱藏他們的書呆子氣嗎？在描述霸凌的電影裡，主角總是得變得勇敢，學會反擊。唯有受害者肯爲自己負責，霸凌者才會受到教訓。研究指出，雖然你知道霸凌是壞蛋才會做的事，但你認爲這是莫可奈何的事。世界上壞人很多，然而受害者有能力停止自己的苦難。同一份研究指出，二十一%的學生會歸咎於旁觀的同儕，也有少數的人表示社會與人性本如此。他們認爲，這個世界既正義且公平，當壞事發生時，只有施及受的兩造當事者該受責備。

你聽過「善惡到頭終有報」這句話，你也可能看到某人的遭遇然後心裡想「那是你的報應」，這便是「公義世界謬誤」在作祟。想到這個世界不公平就令人忿忿不平。一端是善一端是惡的世界比較合乎情理。你希望那些努力工作、犧牲奉獻的人可以出人頭地，而那些好吃懶做的騙子落魄潦倒。眞實情況當然不一定是如此。能不能成功，有極大原因是要生得逢時、生在對的地方、還要看家庭的社經地位等機緣。後天的種種努力都無法改變這些起跑點。接受這一點並不表示那些貧窮家庭的孩子就該自暴自棄，畢竟，無論要從哪個點開始努力，什麼都不做保證什麼都沒有，這倒是這個世界裡的唯一規則。現實世界很複雜，有人可以成功跳脫逆境，但這不代表那些沒有成就的人沒有付出最大的努力。如果你看著那些貧困的人，納悶他們爲什麼無法讓自己脫貧，找一份像你一樣的好工作，你便犯了「公義世界謬誤」，忘了自己是含著金湯匙銀湯匙出生的。

天花亂墜的奸商功成名就，而警消人員工時冗長，薪水卻少得可憐，看到如此的世界頗令人沮喪。在你內心深處，希望努力工作、有美德的人成功，巧取豪奪的邪惡之徒自取滅亡，因此你把這個世界修修剪剪來符合這種期望。然而，實際上，邪惡的一方往往吃香喝辣，並且從未受到懲罰。

心理學家海特 (Jonathan Haidt) 表示，許多人並未意識到自己相信業障，但內心很信這一類的東西，只是不同文化裡有不同的名詞形容這種觀念。他們認爲社福機構和保障措施是在干擾自然界的平衡。他們認爲，如果政府不要多管閒事，好吃懶做的人會得到他們「應得」的惡果。他們的惡業自然會去搞垮他們，但人爲的努力卻來搗蛋。由於這些人照著規矩做事、乖乖納稅、犧牲休閒生活換取加班費，他們認爲不能白白這樣做，他們追求更好的生活的努力不能落空。他們認爲，有錢人擁有的必是應得的。他們正在累積的功德總有一天會把他們推進更高的社會階級，和那些什麼都有也該有的人並肩而立。「公義世界謬誤」告訴他們，世界本來就是公平的，因此當人爲因素害得因果正義無法伸張時，他們會氣得跳腳。

爲什麼我們會這麼想？

心理學家不太確定。有些心理學家表示，這是基於能夠預測自己行爲的後果、或對過去的決定感到安心的需求。但還需要做更多研究才能斷言。但可以先斷定的是，你喜歡住在一個好人會把壞人繩之以法的世界，只可惜世界並非如此。

然而，別因而感到沮喪。接受生命不公平，但你仍能享受它的滋味。你無法完全掌控命運，但是還是有很大一塊可以完整自主的領域，就在那盡情發號施令吧。只要記住這個世界本就是不公平，生在哪是老天決定的，意謂著有人受命運折磨，也有人不用努力就是天之驕子。如果你認爲這個世界正義公平，那麼需要救助的人或許永遠等不到幫助。即使我們都該爲自己的行爲負責，還是得了解，惡行出現時，該受到責怪的是施暴者，永遠都不該是受害者。沒有人活該被欺負、被霸凌、被搶或被謀殺。爲了讓這個世界更加公義公平一點點，你必須讓邪惡勢力活得不要太開心，要做到這一點，並不能光靠減少他們能下手的對象。

盲點 19 他怎麼可以偷偷占便宜？⬇公共財賽局

× **誤解** 我們可以創造一個不用管理的體制，在這體制中，每個人為了讓社會更好而作出貢獻，人人都受益，人人都快樂。

○ **真相** 沒有任何規範的話，懶鬼和騙子會搞垮經濟體系，因為人不想覺得自己很好騙。

在你了解什麼是「公共財賽局」前，你得先了解「公地的悲劇」(tragedy of the commons)。這概念來自一九六八年地質學家哈丁 (Garrett Hardin) 的論文，這篇論文指出人不太會分享。

想像一個魚源充足的大湖。你和另外三個人是唯一知道這個湖存在的人，你們全都同意只捕撈自己要吃的量。只要每個人要吃多少捕多少，這個湖裡的魚就永不匱乏。

有一天，你碰巧目睹其中有個人捕撈比他所需還多的魚量，然後把吃不完的魚賣給鄰鎮的人。最後，他擁有了比你好的魚竿。

你會怎麼做？

如果你也開始超量捕撈，你也會有能力買好一點的魚竿，說不定可以買艘小船呢。或許你可以聯合其他人一起阻止這個叛徒；或許乾脆每個人都開始能捕多少捕多少；還是索性告訴全世界有這個湖存在。無論是上述哪種情節，最後都可能毀掉這個共同利益（common good）。如果你什麼都不要做，這個湖仍能提供給你及另外兩個人所需的魚，但是作弊的人就占便宜了。對不公平情況怒不可遏，這是你壓抑不了的情緒。

在類似上述的情況裡，只爲了不想落後，最後反而弄到全成了輸家。以一頓豐盛的派對大餐爲例，如果每個人都把自己的盤子堆得高高的，就可能變成一場零和遊戲。但**如果每個人都只取自己需要的份量，人人都是贏家。公地的悲劇就是在說，只因為一點點的貪念，經過一段時間下來，就把共同利益榨得精光**。一個心術不正的人做了一點剝削，便可能壓垮整個體系，因爲貪心是會傳染的。

那麼，如果是大家只給不取的公共財呢？似乎也是同樣的結果。投機者有可能毀了這個體制，但原因不是他們本身，而是愈來愈多人發現自己被占便宜，也跟著貪心起來，最終毀了這項公共財。不幸地，有關人類行爲的研究顯示，說到貢獻公共財，你沒有那麼聰明。

公共財賽局是這麼運作：

一群人圍著一張圓桌坐著，每個人手邊都給了幾塊錢。他們被告知可以自行決定金額把錢投進公共罐裡。研究人員會把罐子裡的錢加倍，然後每個人拿回同等份的錢。

如果有十人，每個人手邊有兩元，而每個人都把所有錢放入罐子，那麼罐子裡就會有二十元。加倍到四十元之後，把四十元除以十，每個人可以拿回四元。遊戲開始一輪一輪進行，你以為每個人都會把手邊所有的錢放入罐子裡，事實不然。通常會有人抓到遊戲竅門後，知道自己可以少投一點、甚至半毛都不投，如此一來，他們便可以比別人多賺一點。

如果除了你之外的每個人都投兩元，罐子裡會有十八元。加倍到三十六元之後，每個人可以拿回三．六元，連你這個半毛都沒投的人也可以拿錢。

在這個實驗裡，每個人都知道在他們分回的錢中誰投入了多少，罐子裡的錢會先成長一陣子，然後在大家開始試探著保留手邊的錢後開始縮水。大家有樣學樣，因爲沒人想當傻瓜，經濟之輪最終會嘎然而止。如果大家可以選擇懲罰取巧的人，投機行爲會消失，人人是贏家。如果不能懲罰投機者，而是只能選擇獎勵乖寶寶的話，那麼經濟在幾輪之後會還是會垮台。

這遊戲令人百思不解的是，只因爲群體裡有人白吃午餐便不肯貢獻，太不合邏輯了。倘若遊戲裡所有其他的人繼續當個好公民，每個人依舊會是贏家。但是當人遭到欺騙，古老的情緒大腦會介入，這種天生的反應，對祖先們的幫助不小。你深深知道背叛者必須受到懲罰，因爲一粒老鼠屎會壞了一鍋粥，經濟可能因此熄火。你寧可輸了遊戲，也不想幫到不幫你的人。

這種遊戲有時候也用來說明「規範對維持非營利公共財運作」的必要性。如果不強制人民納稅，永遠不會有街燈照亮黑漆漆的道路、橋樑也會因老舊破損而垮掉。可以確定的是，純邏輯動物會理解生命不是一場零和遊戲，但是你不是純邏輯動物。當你認爲體系在作弊的話，你也會開始作弊。

助人的衝動以及防止作弊的天性，數百萬年來幫助了我們這樣的靈長類動物在小團體中生存，但是當團體變得又大又抽象，諸如一國的預算或全國的福利系統，便很難再透過那些進化來的行爲理解了。

「公地的悲劇」可以用來支持私人財產制，鼓勵你照料好你的一小方天地。但是你或許還是會想，又不是每個人都肯買節能車、或是回收塑膠瓶，憑什麼你得這麼做？

公共財賽局顯示，透過法規懲罰可以有效阻止投機者。

並非你不想貢獻，只是你不想讓作弊的人得利、或是比懶惰鬼做得多，即使這會毀掉你及所有其他的人同處的賽局，你也在所不惜。

盲點 20

分太少給我你也休想拿到錢！⬇最後通牒賽局

✕ **誤解** 你是按邏輯來接受或拒絕別人的提議。

○ **真相** 談一筆交易，你會依據自身的地位來做決定。

想像你樂透中了三千萬，可是其中有一個但書。

這個新樂透還在實驗階段，政府說你必須和一位陌生人分享這筆獎金。你可以決定分錢的比例，但是對方可以不接受你的提議。如果他拒絕，你們雙方都拿不到半毛錢。機會只有一次，而且你們以後不會有機會碰面。你會怎麼分？

此刻，最能彰顯你之所以爲人的那一面被啓動了。你和其他動物最大的差別在於擁有複雜的社會性推論能力。數百萬計的變數在腦海裡盤旋、交互影響，你模擬可以想得到的所有狀況。你依據直覺與經驗猜對方會怎麼反應。

你現在只有十秒鐘能做決定。

天哪，怎麼做才好啊？

最合乎邏輯的做法是給那陌生人最少的錢就好了，三萬塊如何？畢竟如果他拒絕，那就半毛錢也拿不到。抱歉，人不會按邏輯處理這類情況。當公平性遭受威脅，情緒就會來當家，在你內心最深處，也可以預料到這一點，所以就像大多數的人一樣，你會給他們差不多一半的獎金。

當這項實驗用眞的錢及受試者在實驗室裡進行，低於二十%的分法通常會遭到拒絕。在這樣的情境裡，你給對方的金額最少不能低於六百萬，雖然中獎的人是你。

如果把這種問題丟給電腦處理，它會接受任何大於零的金額，「沒魚，蝦也好」是純邏輯性思惟會下的結論。但讓人來處理這個問題，你就必須面對三百萬年來的演化成果。

在野地，我們生活圈的群體不大，通常少於一百五十人。了解自己在這小群體裡的地位非常重要，要存活的話就要有好的人際關係與地位。對靈長類動物而言，名譽和地位比金錢還重要。有錢人講話大聲，但如果你是處於《活屍末世錄》(*Zombie Apocalypse*)那樣的環境，錢不過是廢紙一張。你的地位很快會換用別的因素決定。

在這個情況下，你分給另一個人的金額會被詮釋為對於他的社會地位的認定。如果接受低於二十%的獎金，對方會覺得自己不如人、不受尊重，在別人眼中失去分量。不論金額大小，在用一般人做的實驗裡，提議低於二十%的獎金保證會得到雙輸的局面。你憑直覺就可以知道這個命運，所以在實驗室進行最後通牒賽局（ultimatum game）時，多數人都會提供大約一半的獎金。如果你知道對方會對你的自私自利加以報復，利他行爲就會被激發出來，也是這類行爲讓我們的老祖宗們得以步入文明。

最終決定接不接受分錢方式的人若是腦中血清素較低的話，這種傾向會更明顯。如果是憂鬱又孤立的人，會想要求更多的錢。他們的「內定值」（即血清素較低）讓他們感到自卑，因此不打算再接受一個欺負人的提議進一步被矮化。

當實驗人員改變規則，讓可以決定分法的人無論如何都可以保有自己那份獎金，幾乎所有人都會極力壓榨對方，提給對方的比例壓到大約十%。

這類情況在生活中隨處可見。你會依據自己在社群裡自知的地位，決定何時要求加薪、在酒吧裡把妹，甚至是跑上台唱歌。如果地位不高，你禁不起讓它變得更低的風險；如果地位很高，你會期望得到更好的待遇。

以牙還牙是人類用來確保公平性的手段，你完全知道情況會是這樣。當你接受或拒絕別人的提議、或是向別人做出提議，你自認的位階高低是你在打算盤時會撥進去的一個數字，只是你並沒有意識到。你沒有那麼聰明，所以只要可以確保日後得到公平對待、自己的社會地位更加鞏固，你寧可什麼都拿不到。

盲點 21

星座運勢分析講誰都神準。➡ 主觀確認

誤解 你會提防泛泛之論。

真相 你很容易相信泛泛之論和預言是真的，尤其當它們是正面的、描述你個人的。

根據我在「任何人都會有的思考盲點」(You Are Not So Smart) 部落格收到的留言、電子郵件及瀏覽資訊，再佐以準備給這本書在全球上市時做行銷研究的人口統計資料，我相當清楚你是誰。

以下是我的結論：

你很需要別人喜歡並且賞識你，然而你常對自己吹毛求疵。儘管有一些性

格上的缺點，一般而言還是瑕不掩瑜。你有很大的潛能，只是尚未找出自己的優勢。你的外表看來有教養、很自律，內心卻常杞人憂天、也缺乏安全感。有時候，你真的很懷疑自己有沒有做對決定、做對事。你喜歡有一些改變，不喜歡被設限。你對自己是一個能獨立思考的人感到滿意，沒有看到合理證據前不會接受別人的看法。但是你認為太坦白、把心底話毫無保留告訴別人是不智之舉。有時候你表現得外向、熱情且善於交際，有時候卻又內向、小心翼翼且沉默寡言。你有些志向看來有點不切實際。

神準嗎？講的是不是就是你？

應該是。因爲這可以描述所有的人。

上段描述出自一九四八年佛瑞（Bertram R. Forer）的實驗。他給學生一份人格測驗，告訴他們每個人都會被個別評量，但實際上每個人拿到的都是同一份分析。

他請學生仔細讀完，爲描述的準確性打分數。平均下來，學生們認爲這篇假分析有八十五%的準確度，就像是爲他們量身所寫。這段文字實際上是佛瑞爲了做實驗，從星座分析上東抄西抄來的大雜燴。

容易相信「設計來吸引每一個人的泛泛之論」的傾向叫做「佛瑞效應」（Forer

effect）。心理學家點名這種現象，說它可以解釋爲什麼人們會醉心於虹膜學、顱相學這類僞科學，以及占星術、命理學、塔羅牌等玄學。「佛瑞效應」是隸屬於心理學家稱爲「主觀確認」（subjective validation）現象的一員，「主觀確認」是比較好聽的說法，但只是在說**當談論的主角是你，你會對當中的暗示幾乎沒有抵抗力**。

你成天都在腦海裡想著自己是怎樣的一個人。雖然有文化上的差異，但大多數的人都渴望成爲一個很特別的人，自己的希望與夢想、恐懼與懷疑都是獨一無二的。有辦法的話，你會把每樣東西都加上個人色彩：車牌、來電答鈴、電腦螢幕背景、臥室牆壁等。

你周圍的每樣事物都在透露你的性格。無論是透過消費還是創造，塑造出獨一無二的自己是你很在意的事。然而，就在天生條件與後天努力之間，人比你以爲的還要更雷同。以基因的角度來看，你和你的朋友幾乎算是雙胞胎。基因長成大腦，大腦有了心智，想法從心智裡迸出來。因此，從基因角度來看，你的心智和別人的相像程度，就跟你的鞋子一樣合腳；但從文化角度來看，我們又不太一樣，不同環境中的不同經驗形塑了我們。然而骨子裡，我們都一樣，不認清這點就可能會被有心人占便宜。

如果有一段敘述很模稜兩可，而你認爲它在說你，你就會尋找和自己特色吻合的資訊來讓它顯得更準確。你回想過去那些思索自我的時光，把自己的特色和別人的做劃分，用的就是相同的邏輯。

以下是摘自 horoscopes.com 的一段星座運勢分析：「今天的某一刻，你可能會覺得自己不夠努力，很難持續前進，可能不免感到一陣恐慌。這會是激勵你的力量，但是你不需要逼自己表現得比目前更好。你好運當頭，且可能會持續下去，只要按部就班就行了。」

好，這裡還有同一天同一個網站對另一個星座的建言：「如果你整天效率不高，別對自己太嚴苛。明日來臨前，你就會重新充好電，今晚拿本書好好在家裡放鬆一下吧。」

仔細看，星座運勢都在描述我們共通的經歷，從中擷取一項再稍加誇大一點，然後你就會看到它吻合你的種種生活細節。如果你相信生命受到星座左右，星體的運行可以預言未來，那麼再籠統的敘述都會像在講你。

因爲有「期望」，主觀確認得以茁壯。如果你希望靈媒眞的很靈、或是聖石可以預測未來，即使不靈，你也會找出相信的方法。當你渴望某事爲眞，你會尋找線索；會把點串成線，就像是把星星串出星座。大腦不喜歡沒有秩序，你會在雲朵上看到臉龐、營火中看見魔鬼。那些宣稱有占卜能力的人利用了這些人類的天性來挾持你，他們算準了現在可以利用你的「主觀確認」，待會可以利用你的「確認偏誤」(confirmation bias)。

心理學家海曼(Ray Hyman)投入畢生心力研究騙術。進入科學殿堂之前，他是個魔術師，在發現看手相比用撲克牌表演魔術還賺之後，轉而研究心靈現象。海曼在看手相的職業生涯中最令人跌破眼鏡的是，像許多靈媒一樣，時間一久，他眞的開始相信自己具有通靈能力。來找他的人都如此滿意、如此折服，讓他覺得自己必然天賦異稟。「主觀確認」無疑是兩面刃。

海曼運用一種稱爲「冷讀術」(cold reading)的技巧，先從廣角鏡般的泛泛之談開始，再觀察對方的反應尋找蛛絲馬跡，好讓他可以收網，鎖定在看似能夠洞悉對方靈魂深處的偉大見解。這招有效，因爲人會忽略說錯的而專注在說中的內容。他在大學半工半讀時，另一位心靈主義者捷克斯(Stanley Jaks)把海曼拉到一旁，要他換個新作法試試，才讓他從自欺中醒悟。捷克斯要他告訴人們他從手相中看到的相反結果。結果呢?人們依然對他的能力目瞪口呆，這麼說還算是保守。「冷讀術」很威，但丟到一旁一樣可以博得掌聲。海曼了解到，說什麼其實並不重要，只要說得漂亮，對方自然會把其餘的活做完，欺騙自己，把泛泛之論當成神機妙算，正如同「佛瑞效應」。

爲了攢錢而幫死者傳訊息或是宣稱可以預見未來的那些靈媒和算命師，靠的就是「主觀確認」。記住，你愚弄自己的能耐遠比任何巫師都厲害，而且要小心巫師有著各種喬裝。人有抱持期望的天性，你試圖理解這個世界，所以會著眼於有頭緒的地方，忽略掉雜訊，然而生活中有太多亂七八糟的資訊了。

當你閱讀星座運勢，務必把每個星座的都讀看看。當有人宣稱可以洞悉你的心，要知道人心都長一個樣。

盲點 22

你會變粉絲就可能會變教友。⬇ 教派教化

誤解　你這麼聰明的人才不會加入教派。

真相　教派裡都是像你這樣的人。

教派 (cult) 是人類天性的一種副作用。你的內心很自然就會想要歸屬於群體、和有趣的人在一起。如果你曾經迷過一個從不曾見過面的人，例如歌手，那麼你已經淺嚐了教派的滋味。

「教派」這一詞並不夠精確，因爲廣義來說，組織、機構與宗教都能算是教派。是團體還是教派？中間的界線很模糊，這也就是爲什麼你比自己想像中更容易入教。

對於教派的研究發現，你通常不是因爲什麼特定的理由而加入，你變成教派一員

和你變成社群一員，原因一模一樣。畢竟，如果問你是什麼時候擁有現在的朋友圈，你應該也不知道吧。這麼多年下來，你的好友圈裡可能換過不少人，但你沒有太關心要和哪些朋友出去，頂多只是會避開一些頭痛人物。

加入教派的並不都是缺乏安全感的弱者，如果你認爲自己不會被很有魅力又很有理念的領導者迷倒，你沒有那麼聰明。心理學家梅爾斯 (David Myers) 的說法是，教派都是圍繞著一個聰明又有吸引力的人而產生，像是人民聖殿教的吉姆．瓊斯 (Jim Jones)、美國大衛教派的大衛．柯瑞許 (David Koresh)、山達基教會創始人拉斐特．朗．賀伯特 (L. Ron Hubbard)、梅森教主查理．梅森 (Charles Manson)，但是人們不全然是在追隨領導者，而是服膺領導者所奉行的理念。這些領導人可能看起來很像找到了某樣你也想追尋的答案。印度民族主義運動領袖甘地、拉丁美洲革命英雄切．格瓦拉 (Che Guevara)、人類植物學家泰倫斯．麥肯納 (Terrence McKenna)、希臘哲學家蘇格拉底都像是發掘到祕密、洞悉了偉大理念的哲人。很自然地，人們追隨他們是希望藉由仿效來提升自己。這些追隨者是否都算是教徒？看吧，這就是這個定義不管用的地方，這也是爲什麼你對這類行爲沒有免疫力的原因。

身爲靈長類動物的你，對於群體互動相當熟悉，天生有慾望要與人交往，加入群體。數百萬年來，人的存活一直仰賴這一點。再者，你不會經由仔細觀察自己的行爲、選擇與感覺來了解自己，相反的，你心中有一個理想的自己，一個你描繪出來的角色，你想成爲那個自己。你尋找適合的群體來強化你自己編的自傳，傳記中交代你種種的處事原則。

梅爾斯表示，教派都是從一個魅力十足的人開始，也許這個人覺得自己天命不凡，也許天生就是個萬人迷。大夥開始與他來往，自動自發形成一個尊這個偶像爲權力核心的群體，如果這個人有某種企圖、某個目標、或是有想要剷除的敵人，他就會利用追隨者的助力發展出具體行動。如果目標需要眾志成城，他們就會吸納新血或說服別人來參與。他們通常會隱藏真正的打算，以免把人嚇跑。有些領導者對自己所作所爲有正確了解；有些則是跟著感覺走，無心插柳創出了一個教派。這些人如何發揮影響力，最終會決定歷史對他們的評價：濫用權力者，如吉姆・瓊斯與查理・梅森之流，組成的教派就理所當然被視爲邪教；其他像是讓數千名追隨者願意與他一起徒步，走到兩百四十一英里外的海邊抗議鹽稅的印度國父甘地，就不會被當成邪教教主。任何有著一名魅力型領袖的群體都有可能會從主流社會分離出去，形成一個次文化，有些讓世界變得更美好，有些則是讓教徒變成自殺炸彈客。

如果你曾說自己是誰的粉絲，不論是哪個歌星、導演、作家、政治家、科技鬼才、還是科學家，你就踏上教派教化（cult indoctrination）的第一步。如果你有機會和最心儀的偶像會面，還可以和他定期聚聚，你不去嗎？去定了！事情接下來如何演變，會被一大堆變數影響，有時候你會加入教派，有時候教派在領導者死後仍舊生生不息。這個現象的背後並沒有一個人在操盤，沒有人決定要組一個教派或是立志變成教友。教派不是策劃來的，它會形成是因爲人類的天性迷路了。

盲點 23

沒人反駁就表示每個人都贊同？ ⬇ 團體迷思

✕ **誤解** 一群人聚在一起討論事情，問題比較容易解決。

○ **真相** 想要達成共識、避免對立的渴望有礙進步。

一群人聚在一起要做決定時，心理學裡的一頭頭惡魔都會被喚醒。從眾、合理化、刻板印象、誇大妄想等全都來摻一角，沒人願意挺身出來把牠們打回魔界，因爲那可能導致計畫流產，或是和別人爭執得很難看。群體要生存就得以和爲貴，人人開心、自尊沒有受傷之虞時，生產力似乎比較高，不論是在獵捕野牛或是賣電視，這都是眞理。團隊精神、士氣、向心力，都是經理人、指揮官、酋長及國王等奉爲圭臬的黃金法則。想都不用想你就知道異議會引起混亂，所以你會加以避免。

這麼做本來沒什麼問題，直到你發現在公司這樣的群體中，大腦會開始應付不來。心智在形成之初原本是用來躲避掠食者與捕捉獵物，好讓群體生存，但在面對老闆與作財務預估時沒辦法運作得一樣好。不論你做哪一行，都有的是機會和大夥聚在一起訂計畫。有時候人數較少，有時候則是整個公司都來開會。如果群體裡有個人可以操生殺大權，團體迷思 (groupthink) 就會開始發酵。

老闆也在場，你好緊張。你開始觀察其他人，試圖找到現在的共識是什麼。同時，你也會衡量提出反對意見的下場。問題是其他成員都在和你打同樣的算盤，**如果大夥都覺得冒險得罪朋友、丟掉飯碗是不智之舉，假的共識就可能會達成，而且沒人會吭一聲。**

通常在這類會議結束後，總會有三兩個人私下聊說方才的決議大有問題。那麼，剛剛開會時爲什麼都不說？

心理學家詹尼斯 (Irving Janis) 在讀過美國決定入侵古巴南部的豬灣 (The Bay of Pigs) 的史料後，透過研究具體描繪出這類行爲。一九六一年，美國前總統約翰．甘迺迪想利用一千四百名流亡者讓古巴強人卡斯楚 (Fidel Castro) 倒台。這些人並非職業軍人，人數也不多。古巴知道他們要來，於是將他們全數屠殺。這個事件導致古巴開始親俄，還差點引發核戰危機。約翰．甘迺迪和他的幕僚都是聰明絕頂的人，手邊也有足夠的情資，但聚在一起卻策劃出笨到可以的行動。事件結束後，他們說不清自己當時爲何這麼決定。詹尼斯追根究柢，研究結果指向「團體迷思」，這個心理學名詞是懷特(William H. White)更早之前在《財星》(*Fortune*)雜誌上第一個說出來的。

結論是，任何計畫要想成功，每個團隊裡至少都需要一個不怕被炒、被排擠、被孤立的「討厭鬼」。一個群體要想做出好決定，必須讓不同的聲音可以出現，讓每個人相信眞的可以暢所欲言，無須擔心秋後算帳。

這看起來雖然像是常識，但除非知道如何避免，否則共識會是經過合理化得來的。不然，有多少回你們最後決定的酒吧或餐廳其實都沒有人想去？有多少次你給的建議其實言不由衷？

近期的房市泡沫化、沒能事先防範的珍珠港事件、鐵達尼號的沉沒、出兵伊拉克等，這一切都是「團體迷思」所造成的可怕決定。

所謂的團體迷思需要有三個條件：一群彼此喜歡的人、一個小圈子、得在期限內做出重要的決策。

身爲靈長類動物，你不必多想就會搞個團體，然後覺得有義務要捍衛它，不讓其他團體打你們的壞主意。當成員聚在一起討論事情時，可能會浮現刀槍不入的錯覺，因爲大夥都覺得團結力量大。你開始替其他成員的想法找理由，而不是自己好好去想。

你不願團體的凝聚力受到傷害，因此會壓下自己的疑慮，不會爭辯，也不會丟出別的選項。每個人都這麼做，團體的領袖就誤以爲大家都贊成。

研究顯示，如果不要讓老闆說出他的期望，就可以避免讓他的意見變成每個人的意見。還有，如果每隔一陣子就分成小組來討論手邊的議題，適量的異議就會跑出來。更好的情況是，可以定期邀請外部人員提供意見好讓大夥永保客觀。最後，也可指派人當「討厭鬼」，賦予他對計畫挑毛病的責任。達成共識前也要給段時間冷靜冷靜，讓情緒得以回歸常態。

研究也顯示，一群容許成員發表異議、還能維持友誼的朋友，比較可能做出優質的決定。所以，下次身處一個大夥都想要有共識的團體時，當當那個「討厭鬼」吧。既然每個團體都需要一個，由你來當也不錯。

盲點 24

有錢的大老闆眞是太有魅力了！⬇超尋常發電機

× **誤解** 和真人娃娃做愛的男人淫亂；嫁給八十歲億萬富翁的女人是想淘金。

○ **真相** 真人娃娃和富有的凱子老爹都是超尋常發電機（supernormal releaser）。

澳洲吉丁蟲會和啤酒瓶做愛。

這種蟲呈淡巧克力色，背部佈滿漩渦圖案，深黑色的腿及頭會從甲殼底下伸出來。牠們的身體又長又大，不是圓的，像蟬多一點，像瓢蟲少一點。

公澳洲吉丁蟲喜歡特定長相的母蟲，體型大、棕色而且閃亮亮的的母蟲比較對牠們的胃口。牠們用來交配的酒瓶子比牠們能期待遇到的任何母蟲都還大隻、棕的更徹底、更有光澤。在澳洲，有種瓶身粗短的啤酒瓶最能吸引公吉丁蟲。在丟滿這類瓶子的垃圾堆裡，你會看見每一隻粗短的小酒瓶上都爬滿了公吉丁蟲，想和它交配。演化心理學家會稱這種粗短小酒瓶爲「超尋常發電機」。它們的刺激性很驚人，贏了眞蟲一大截。公吉丁蟲會和這些瓶子交配，即使遭到螞蟻啃噬時也不肯停下來。

這類行爲在整個動物界都可以看到。攸關存亡的東西如果被放大，都可能成爲超尋常刺激物 (superstimulus)。鳥類可能會被別的鳥類硬下到牠巢中的蛋搞糊塗，蛋看起來跟自己下的差不多，只是大得多，於是牠們還是會坐在上頭，乖乖孵別人家的蛋。還有一種蘭花可以散發出類似母黃蜂或蜂后的強烈氣味，公蜂受吸引和它交配，在過程中沾滿花粉。回到人類居住在野地、很少有高熱量食物可享用的時代，祖先們發展出一股強烈的渴望，在有幸取得動物油脂時，會不顧一切狼吞虎嚥下肚，這也是我們一吃起薯條與漢堡就停不下來的原因。

如果有件東西和生存扯上關係，你又可以找到這樣東西的夢幻版本，比祖先們夢寐以求的還讚，它就具有難以抵擋的吸引力。

在選擇配偶的時候，性別通常分成兩個陣營，一個必須孕育後代，繁殖次數較少；一個無須冒太大風險就可以拼命繁殖。**在這種設計下，有卵子的「超尋常發電機」被放大的是生育力與健康，有精子的則是地位與資源。**

以人類來說，看在女性的眼裡，身穿高檔西裝、擁有私人飛機、在義大利還有三棟房子的男人組構成非常強力的「超尋常發電機」。多半的女性不會想和長得像《墓穴守護者》(*Crypt Keeper*) 主角的男性約會，但如果他擁有一個出版王國、或是財富和歐洲小國有得拼，就會有女生願意。對男性來說，五官勻稱、大胸脯、豐臀、細腰、秀髮閃亮和性感雙唇，加在一起就成了一部「超尋常發電機」。大部分的男性不會想和一個塑膠軀體做愛，不過眞人娃娃這些年來都賣得不錯，就表示有些人會。上述兩例就是性感啤酒瓶的人類版本。

心理學家布斯 (David Buss) 投入畢生心血，研究想逢場作戲及長相廝守時，男人與女人在擇偶上的偏好。他在《渴望的演化》(*The Evolution of Desire*) 書裡指出，在男人快速爲肉體的吸引力打分數時，有一個關鍵面向比其他都要突出許多，那就是臀腰的比例。在世界各地的許多研究中，不論在文化上是否偏愛某類體型，腰爲臀寬的百分之七十都會受到青睞。布斯說，臀腰比例在〇．六七至〇．八之間代表健康、會生育等等，不符比例就不好。擁有這種比例的女性的確比較健康，這點男性在潛意識裡都知道。根據心理學家辛 (Devendra Singh) 一九九三年針對《花花公子》(*Playboy*) 跨頁海報的研究，儘管兔女郎愈來愈瘦，臀腰比例平均還是維持在〇．七。

男性有偏好細腰豐臀這種天性，但怪異處是，擁有生理上不可能存在的身材的超尋常發電機吸引力還更強。心理學家強森 (Kerri Johnson) 二〇〇五年針對臀腰比例所做的研究顯示，男性與女性都會用這個比例來判斷剪影的性別。她那追蹤眼球的電腦程式清楚顯示，兩性都會先看臉部，再移往臀部這個可以透露性別的區域。她的研究也指出，請男性根據受吸引的程度做評比時，他們是喜歡比例〇．七的腰，但卻更喜歡〇．六及〇．五的比例。腰這麼細的女性很難生育，所以，**這個超級刺激物不在告訴男性這女人超會生又極健康，它只是一種捷徑，一種捷思。男人的大腦在告訴他們細腰豐臀就是好**。腰細到無法生育，太不符合自然法則，但男人的捷思裡還沒調整好，所以會被超級細腰給吸引。

強森還請男女研究對象在跑步機上走路，告訴一半的人是在測量他們的體能，告訴另一半是在測量他們的性感指數。被告知是在評估性感程度時，女性會不知不覺開始賣力扭臀，讓她們的臀腰比例在觀看者的眼裡可以神奇地縮小。這就是超級刺激物紊亂心智的方式。你的心理捷徑還沒有能耐應付被強化的刺激物。芭比娃娃、動漫角色及古代象徵生殖的雕像都是不可能存在的夢幻版女性，但是兩性在潛意識裡都知曉臀腰比的魔力及超級刺激物的神力。

男性很容易被操弄，這是拜他們拿來評斷未來伴侶的標準較少所賜，廣告也素來很會利用他們天生的慾望。女性會購買產品想讓自己變成夢幻女神；男性則會購買可以讓夢幻女神願意成爲枕邊人的商品。賣弄性感與物化女性的廣告可以一石兩鳥。廣告商找來標緻到離譜的天生尤物、打上專業燈光、加上化妝師的精雕細琢，最後再用修圖軟體微調，直到她們活脫像個漫畫角色的眞人版，就跟眞人娃娃一樣。

對女性來說，超級發電機必備的不只是人魚線及漂亮的臀腰比，女性比較禁不起做錯決定的後果，因此演化出一套更複雜、更嚴謹的衡量標準。布斯表示，這些評估項目包括經濟能力、社會地位、抱負大小、成熟度、聰明度、忠誠度與身高，但不見得只限這些。無論是選擇短期或長期伴侶，上述任一項爲了成功繁衍後代的準則都有機會成爲超級刺激物，但男人想要成爲超級發電機必須同時兼備數個條件。一位善良、不花心的高富帥醫生，要比還住在父母家、脾氣差又個頭小的服務生有吸引力多了，就算他胸肌大又怎樣。

讀完了這一章，別以爲自己才不會受這些影響。即使你不會隨著衝動起舞，還是感覺得到衝動。你總會有失守的一天，可能只是像認爲夾著兩層牛肉的漢堡才叫漢堡這類小事。一份羅格斯大學（Rutgers University）於二〇〇三年所做的研究顯示，過去二十年來，大多數美國人認爲「適量的食物」的平均值大幅提升。一杯柳橙汁如今增量四十%，一碗玉米片增加二十%，餐廳盤子也大了四分之一。超級刺激物的影響逐漸改變了人們對於「夠大份」的定義，但一直到最近才有人注意到。

記住，要判斷什麼東西棒不棒時，你的念頭一定會想辦法抄捷徑。當刺激物從

「甲」變成「甲上」，不代表它眞的比正常的版本好。如果正常版被改造、加工變成夢幻版，很可能你就必須和慾望對抗，才不會被超級刺激物收服。澳洲吉丁蟲注定是輸家，牠們得在垃圾場的啤酒瓶堆中求愛，只因爲牠們無法戰勝慾望，但是你可以。

盲點 25

沒有喜惡就難以做選擇。⬇情感捷思

✕ 誤解 你計算得失，通常會設法獲取最大利益、把損失降到最低。

○ 真相 你讓感覺告訴你好壞，往往過度高估報酬，並且很難改變第一印象。

假設我給你一個可以很快賺到錢的機會，你只要挑到放在碗中的紅色豆豆糖就可以拿錢。

有兩個選擇，一個是大碗，裡頭有數百顆紅色豆豆和數百顆其他顏色的豆豆混在一起；另一個是小碗，裡頭有五十顆豆豆混在一起，但紅色豆豆的比例要比大碗的高得多。碗外頭甚至標示出你的勝率，大碗爲百分之七，小碗爲百分之十。每拿到一顆紅色豆豆，我就給你三十元。你會挑哪一個碗？

在德內斯拉賈 (Veronika Denes-Raj) 及愛普斯頓 (Seymour Epstein) 於一九九四年發表於《社會心理學及性格期刊》(*Journal of Personality and Social Psychology*) 的研究中，發現選擇大碗的人多過於小碗，即使小碗中的紅色豆豆比例較高。被詢問原因時，受試者表示，因爲大碗中的紅色豆豆比較多，他們覺得拿到的機會比較高，儘管知道實際上的機率並非如此。

聽從感覺不顧勝算而做出糟糕決定的傾向，稱之為「情感捷思」(affect heuristic)。它常害你不能得到最佳利益，而且，在你對新事物快速下斷言的那一瞬間就已經開始。

第一次和某人見面，無數個細微想法會在腦袋裡的化學及電力傳輸網絡中迸發。早在你還未意識到之前就已經在評斷對方的個性。你會注意到他們握手握得很用力，身體前傾又穩重，笑容陽光又甜美。你看到這些特徵，乘上他們的穿著，除以他們的氣味，再把年紀這個因素加入長長的算式中，就會得出潛意識中的第一印象。這個傢伙不錯，來認識一下吧。

如果你遇到一個人，言談中老是充滿種族歧視言論，手腕上有很像納粹標誌的十字刺青，身上聞起來有股酸臭味。早在把這些感覺轉化成想法之前，你就已經對他敬而遠之了。

一般人都知道第一印象會在進一步認識某人之後慢慢淡掉，但是第一印象的影響比你想的還要深遠。研究顯示，你對某人或某物的第一印象不會消失。溫基爾曼(Wilkielman)、札榮茨(Zajonc)及史瓦茨(Shwartz)在一九九七年所做的研究中，用微笑及皺眉的圖像在受試者身上創造第一印象。他們先讓研究對象看見一張快速閃過螢幕的照片，照片上是一張快樂或悲傷的臉，接著再出現一個他們不認識的中文字，然後問他們是否喜歡那個字。研究對象喜歡的通常是跟在笑臉照之後的字，不喜歡接在皺眉照之後的字。但稍後當他們看到相同的字跟在與先前對調的照片後頭出現時，他們也沒有改變答案，第一印象沒變。

生活中幾乎所有的事，你都是繼續最初的判斷來說「這個好」或「這個不好」，想要平反的話得要靠未來能出現可以佐證的經驗。你或許一開始喜歡一個人，後來發現了他有可怕的缺點。你會讓自己的第一印象被不斷修正，而不是去改變對他性格的成見。或許他穿著得體，連注重衛生是美德都可以講得好像一篇抒情文，但只要和異性相處超過四分鐘就會喜歡上對方，然後黏在一旁掏心掏肺。他也許會打兒子，但週末又會到護理之家教導老人使用電腦。要把一個新認識的朋友從喜歡換到不喜歡之列，你需要多少佐證？

「情感捷思」是一種讓你把新資訊迅速歸結的方法。讓你把資訊丟進兩個大分類：好或壞，接著決定是要避開還是接近。「情感捷思」是廣告與政治圈人士用來操縱認知偏誤的聖杯。如果你可以讓你的產品或候選人與正面事物產生聯想、或是抹黑競爭產品或其他角逐者，你就贏了。建構起的聯想夠強，你的產品甚至可以成爲該領域的代名詞。說舒潔就是在講衛生紙，止痛藥等於阿斯匹靈，「Band-Aids」這個牌子直接就成了OK繃這個名稱。

心理學家對「快速決定」（snap decision）的強度與可靠度有不少爭論，但無疑的是，在定位你是誰以及如何詮釋自我感覺上，它都扮演著關鍵角色。第一印象徘徊不去，進而影響你的第二、第三及第四印象，就是因爲「情感捷思」讓你昏頭。

心智大部分的運作是發生在潛意識那扇緊閉的大門背後，而這些反芻有部分是與意識妥協而來的。心理學家有時候會依大腦的演化歷程把心智分爲幾個相對應的部分，雖然失之簡化，但是要從這幾個部分來了解大腦如何從昆蟲與魚具有的簡單版、一路進化成你的腦袋的故事，還是很有幫助的。如果你用類似考古學挖掘出的成果來看待大腦的層次，也就是最遠古的手工製品埋在較近代的手工製品底下，就比較容易理解心智如何形成。最久遠的部分多半藏在後腦，這些結構與你的存活有關，幫助你控制那些不假思索就能做的事情，像是呼吸、金雞獨立等。中腦的結構是遺傳自靈長類祖先，賦予你情緒與社會意識（social awareness）。最近期演化出來的頂層負責推論與計算。額葉及新皮質扮演心智執行長的角色，吸納其他部分來的意見，擬出一套行動計畫。

你那理性、會計算、講理及講究方法的心智運作遲緩，它要記筆記又要使用工具。而你非理性、情感、直覺的心智則是迅如閃電。當你要自己換機油、裝一台新的洗碗機，需要靠的是看步驟、說明、好好測量，不會涉入太多情感。當你要決定去哪吃午餐或租哪一部電影，靠的是「快速決定」，是你無法用數學計算式來描述的感覺。意識仍在做選擇，但潛意識也在釋出感覺及影響力。我們的生活有一大部分是由情感大腦在掌管，也就是說，在很多社交情境與生死攸關的大事上，你的念頭與行爲是在無意識裡自動被觸發，來自心底幽暗處的指令很難捉摸和解釋。市面上有許多書籍在探討這個主題，但只需記住，情感對於心智的決策中心有著強大的影響力。你會看到心智被切割成自發、情緒及理性的區塊，但我們不妨就簡化成兩大類：「有意識的你」及「潛意識的你」。

潛意識的你和老鼠其實有許多共同點。老鼠每天得吃進相當於體重十五%的食物，要媲美這麼快速的新陳代謝，體重八十二公斤的人一小時得吃進〇・四五公斤的食物。體型小又這麼好動的生物雖然充滿好奇心卻也相當謹愼，和其他野生動物一樣，老鼠的行爲多半是根據風險與報酬拔河的結果。牠整天都需進食，因此得不斷遭遇到相同的情況：在覓食的危險性以及對卡路里的飢渴之間做權衡。老鼠有顆原始腦，牠的決定不可能來自於推論、或出自身體損傷相對於經濟效益的審慎評估。牠靠囓齒動物版本的直覺過活。面對到從前沒有見過的情況，牠沒有辦法在採取行動時擁有你採用的那一套邏輯，否則捕鼠器就無用武之地了。追溯到夠早的遠古時期，你和老鼠有著共同祖先，那些潛意識裡用來判定風險與報酬的能力，演化成現在你和老鼠都仍使用的版本。判定風險不是透過心智裡抽象的試算表或量尺來決定。畫藍圖及圖表需要謹慎琢磨，風險識別卻出自直覺，更準確地說，是出自大腦中產生情緒的那個構造。把情勢簡單判定爲好壞，讓祖先們多半時候能夠虎口餘生或是用長矛把獵物搞定，但是如果問題過於複雜，就會像是捕鼠器之於想覓食的囓齒動物，你就極可能眞的把事情搞砸。

讓我們回到這樣的一個地方：蛇族在腳底下四處亂竄，而食物長在灌木叢裡，你的專注力都散落到這些近在咫尺的事物上。在這些大腦演化來因應的情況裡，像是登山或打獵時在森林裡迷了路，你對風險的直覺就很好用。如果立即的風險與報酬是唯一需要考量的，那麼由基因所遺傳下來的「軟體」對你會大有助益。把時間快轉到今日，你的遠古心智現在必須面對的多半是一個遠在天邊的世界。比起咕嚕咕嚕叫的肚子和黑夜裡潛行的野獸，貸款啦、退休計畫、心臟病及選舉這些事情眞是抽象的不得了。情況很具體，你的風險規避系統可以運作良好；但碰到很抽象的事務，就會嚴重失靈！

貝查羅（Antoine Becharo）及達馬西奧（Hanna Demasio）於一九九七年的《科學》（*Science*）期刊發表過一份研究，這研究因爲很能看出「潛意識的你」而廣被引用。他們假設你的推論「是在潛意識的偏誤步驟之後才發生，偏誤步驟利用的是神經系統，而不是支持你能明白表述原由的那個系統」。換言之，在還未意識到之前，你就已經開始在解決問題了。

在他們的研究中，參與者玩一個規則不明的撲克牌遊戲。他們只知道贏了能賺錢、輸了得賠錢。玩的時候，一次可從四副牌的最上方選抽一張牌，直到心理學家宣布遊戲結束。前兩副牌賠出的錢很大筆，但是摻有很多會讓參與者輸錢的壞牌。另兩副牌賠出的錢較小筆，但輸牌時損失的錢也較少。一段時間下來，參與者會不去抽高報酬高風險的牌，而改抽低報酬低風險的牌。模式識別能力在他們毫無概念的狀況下，仍左右他們的行爲朝最佳選項前進。這固然足以令人嘖嘖稱奇了，但研究的發現不止於此。參與者配戴有感應器在測量皮膚的潮溼度，那是交感神經系統自動在潛意識裡控制的人體部位。當參與者把手伸向高風險的牌，濕度會開始攀升，這反應早在他們停止拿那兩副牌之前就已經出現了。潛意識注意到風險，而且把接下來該如何做的警告丟進了意見箱，這一切都早於作決策的意識能夠有所作爲之前。事後再去詢問參與者，大約有三分之一的人無法解釋爲什會決定改抽安全牌。

關於風險與報酬的決定，是從你的潛意識開始進行的。**在有意識的你能夠把感覺形容出來之前，潛意識的你就已注意到事情是好是壞、是安全還是危險了**。好事會有報酬、壞事則有害。當你判定某事是好的，你就是在告訴自己值得冒險爭取。屋裡有條毒蛇在，你還能安心一覺到天亮嗎？熟睡時被咬一口的風險遠大過在自己床上睡個好覺的吸引力，所以還是不要比較好。你會搭飛機到拉斯維加斯渡假嗎？到那裡可以看「潘恩與泰勒魔術秀」(Penn and Teller)，又能賭博，好處遠大於墜機的風險，因此你買了機票，遇到亂流也願意忍耐。

這類計算不是在你意識的黑板上進行就好了，而是諮詢過你的直覺後產生的，情感上的痛處就像是自潛意識深處所浮起的冰山一角。不只人這個物種、而是所有物種，仰賴直覺做決定的時間要遠遠久過依靠深思熟慮，因此，這類心理機制的影響力相當強大。

一九八二年，神經科學界稱作伊里亞德 (Elliot) 的一位患者在前額腦底部長了腦瘤。腦瘤雖然毀掉他的人生，卻讓科學界有了一個前所未有的機會研究到情緒對於做決定的重要性。長腦瘤之前，伊里亞德是位成功的會計師，有房子、妻子及銀行存款。得了腦瘤之後，他無法當機立斷做決定，就連像早上要穿什麼衣服這麼簡單的事情，也會讓他很爲難。腦瘤切除後，他的情緒腦無法與理性腦溝通。研究人員幫他貼上在前頭撲克牌遊戲中使用的皮膚測量裝置，他對於受重傷的人體照片、或是一般人看了會立即把頭撇開的影像並沒有任何情緒反應。影像沒好沒壞，他變成了純理性思考的動物，用冷冰冰的邏輯來看待心裡接收的每則資訊。沒有了情緒，伊里亞德連簡單的決定也做不了。要從菜單挑選吃什麼，他會無止盡地考慮每個變數，就好像把宇宙的祕密全攤開在他眼前。口感、大小、形狀、卡路里、口味、個人的飲食習慣、價錢等等，這一切變數及其他數百項更多的變數會再被細分爲更多更多的變數，然後比來比去、陷入沒完沒了的循環計算。沒了情緒，要做出選擇變得難上加難。他成了沒有恨、沒有愛，也沒有慾望的機器人。最後不僅離了婚，也丟了工作、金錢、房子及前半輩子所積攢的每樣東西，除了最後仍愛他、肯收容他的雙親。

這樣看來，「情感捷思」比較算是好事。你需要靠它來察覺危險、以及在音樂會結束後挑個用餐地點。但當你必須評估大額的數字或百分比、當你必須看出關聯與看清抽象事物，問題就來了。這是爲什麼拿出曲線圖與圖表的政客經常敗北，而訴諸小故事的政客容易勝出的原因。故事在情感層面上比較容易理解，任何訴諸害怕、同情或榮譽感的事都會勝過很難搞懂的統計數據。它讓你想爲家裡裝一套保全系統，卻沒想到要裝氫氣偵測器。它讓你在用焢肉飯堵塞自己的動脈時，卻會隨身攜帶防狼噴劑。

它讓學校在校門口安裝金屬偵測器，卻容許薯條出現在營養午餐上。它也讓想到要吃素的竟沒想到要戒菸。眾所周知的危險容易察覺，也較會去防衛，但更大的危險反而是靜悄悄地逼近。**「情感捷思」會和你的直覺溝通什麼是風險與報酬，卻忽略了更整體、複雜系統裡更大的危機，因為那些必須透過學習、進一步的認識後才會注意到。**

二〇〇〇年，方尼坎 (Melissa L. Funicane)、艾爾哈卡梅 (Ali Alhakami)、斯洛維奇 (Paul Slovic) 及強森 (Stephen M. Johnson) 請受試者評估天然氣、食物防腐劑及核能電廠的優劣，好處和壞處可以各評一到十分。接著他們把研究對象分爲幾組，有些組只閱讀風險面的敘述，有些組只閱讀好處，然後每個人都必須修正先前的給分。你應該可以猜到，讀完好處的那些人，會把該項科技對社會有益的評分再調高，更怪的是什麼？他們還會把風險的評分降低，結果好壞差距變大了。而閱讀風險的組別，會把先前評估該項技術對社會的危險性再調高給分，好處也似乎沒那麼吸引人了。如果要他們給出答案的限時更短，落差還可能變更大。邏輯上來看，風險與利益是兩碼子事，必須分開來判斷，但你不會這麼有邏輯地判斷事情。如果事情看起來愈有益，整體的風險就似乎會變小。**你認為一件事有益，就會淡化缺點；你認為某件事有風險，就很難看見好處。**面對熟悉或是運用原始大腦在判斷的事物，「情感捷思」的影響力還會更強。

用來告訴你是或否、好或壞的這些直覺，深受「情感捷思」影響。當你聽到讓人擔心的話或看到讓人害怕的影像，不管是來自哪個有心人，請牢記這一點。當有人明擺著是在突顯某個議題的優點、或是開始說些冠冕堂皇的話，請記住你會太快下判斷，然後一直保留第一印象。你一直在權衡風險與報酬，當你想要相信某事有益，潛意識就不太會去看它的壞處，反之亦然。任何人類熟悉的風險都會讓你忘了注意新的威脅，而且第一印象眞的很難戒掉。

盲點 26

臉書好友數破千，知心有幾人？⬇鄧巴數

誤解 你心裡有一本親朋好友同事名錄，上頭印著每一位你認識過的人的名字與長相。

真相 你一次只能與大約一百五十個人維持關係與保持關心。

想像有一個杯子裝滿了水。如果想再滴進一滴水到杯子裡，就會有一滴水溢出來。如果要再倒一杯水進去，就會有一杯水流出來。這就稱爲「零和系統」(zero-sum system)，要加進東西的話，你就得移除等量的東西。

儲存姓名、長相與人際關係的銀行在你心裡，用來記錄誰是朋友、誰是敵人、以及誰是可能的伴侶，這個銀行也是一個零和系統。這不盡然是因爲要保存這些資訊需要用多少空間，而是你有多少心力可以用在擔憂在社交圈的地位。

其他靈長類動物維繫社交關係的方式是互相梳毛，幫對方抓掉蝨子。當然，你不會在出席《廣告狂人》(*Mad Men*) 派對時，一邊幫朋友抓頭蝨一邊觀賞表演。但是爲了特定理由而聚在一起也可以說是一種類似梳毛的行爲。你和朋友一起出去，和別人合作專案，講電話都是爲了保持關係。人類去找朋友打屁聊天，就等同於其他靈長類互抓蝨子的行爲。科技已經能讓你就算和愛的人相距愈來愈遠，還是可以維持聯繫，梳毛行爲也就持續頻繁地進行。事實上，與生俱來的群聚特性大多沒啥改變，只是會依不同時代而調整形式。在現代社會裡，人際關係不會再因分隔兩地而疏遠。你可以從每一個還活著的人開始，利用「六度分隔理論」（six degrees of separation）[2]聯繫到任何一個人，現代人的人際網絡是緊密交織在一起的。

但是你無法透過實際的社會互動和這些人、還有與他們的親友群保持聯繫，你沒有那麼聰明。事實是，在茫茫人海中，你多半只有辦法和一百五十人保持關係。更精確一點，是一百五十到二百三十人左右。大城市裡住滿了其他的人，社交網站上有數百個人在更新動態，公司在世界各地都有分公司，你的大腦無法和上述這種規模的人數互動。所有人的個性及怪癖、你與每個人互動的經歷，形成了一個龐大的社交資訊檔案，需要經常維護。**心理學告訴我們大腦不是硬碟，維持過多人際關係的問題不在於空間不足，而是你心裡的人際關係部門會有經濟效益上的限制。**

爲什麼會這樣呢？

靈長類的新皮質層是大腦負責和別人維持聯繫的區塊。我們無法確定何種因素決定了這個區塊的大小，但是對每種靈長類來說，腦皮質層的大小和社交圈的大小有關。猩猩生活在小群體，人類生活在大群體。首先提出這個觀念的人類學家鄧巴(Robin Dunbar)，他認爲群體的平均大小和成員可以多有效率在社交上爲對方「梳毛」有直接關聯。鄧巴表示，這個效率可以由靈長類的新皮質層大小來預測。群體愈大，每位成員要花愈多的時間來維持社會凝聚性。每一個成員都需要幫其他的所有成員梳毛，也要知道誰和誰是朋友、誰有牢騷要發，還有他相對於你和其他人的地位，別人相互的地位高低又是如何。複雜程度隨著新成員的加入而有爆炸性成長。如果有個你認識的人搬走了，你愈來愈少爲他梳毛，直到一年只聯絡一次，甚至數年失去聯絡。一旦朋友脫離了容易聯繫的距離，就得花更多心力才能維持關係，這努力會耗掉原本可以和其他人相處的時間，在人腦初成形的世界中，那些時間也可以拿去做其他的事，像是打獵、聚會及蓋地方住。你所能投入的時間與努力有一個極限，是一個零和系統。

效率是群體大小的預測指標，人類的語言是能贏過猩猩及猴子的優勢。鄧巴表示，用語言來進行的社交活動比揀虱子、抓跳蚤有效率多了。新皮質層預設的容量爲群體大小設了限制，過多人加入會摧毀群體的凝聚力，人數失衡的群體無法運作，人數恰當的群體就會興盛。

這個上限古往今來都在影響人類的組織方式。

可以斷言的是，根據所有研究部落、群聚及村落的科學文獻，古代的群體通常不超過一百五十人。大約在這樣的人數上限之下，你多半可以信賴這群人並且可以指望得到他們的協助，打電話過去他們就會和你聊天。鄧巴表示，一旦人數超過一百五十個，這群人大約得花四十二%的時間去擔憂和別人的關係。除非環境加諸很大的壓力，群體才會願意成長大過這種規模。人們一旦想方設法要維繫像是軍隊、城市與國家這類較大的群體，就會開始把群體切分成不同單位。鄧巴數解釋了，爲什麼大群體都是由較小型、管理得了的群體組成，像是公司、軍隊裡的排和班，還有分支機構、部門及委員會等。沒有任何超過一百五十人的團體可以在不分階級、等級、職責與部門的情況下有效率地運作。

生活在野地的遠古時期，要讓一個一百五十人的群體朝同一目標努力，得花很大的功夫。在現代社會，你得仰賴組織結構。如同葛拉威爾(Malcolm Gladwell)在《引爆趨勢》(*The Tipping Point*)書裡指出，若是一家公司成長到超過一百五十人，生產力會突然大幅下滑，除非公司將外圍單位細分爲較小的事業群。你在小的團體裡工作比較有效率，在這種情況下，小組裡的每個人都互相認識，只有少數幾個特定的人需要去串連自己的小組與別的小組。

鄧巴數不是一個固定的數字，它會依據環境與你手邊可用的工具上下調整。你的朋友圈人數通常比一百五十小很多，但是當你被迫必須和很多的人聯絡（像在公司或學校裡），超過正常狀況下會來往的人數時，一百五十人是新皮質層會大叫救命的臨界點。如果有更便利的工具協助，像是電話、臉書、電子郵件、《魔獸世界》（*World of Warcraft*）的玩家社群等，你在維繫關係方面會比較有效率，人數可上調一些，但也無法差太多。鄧巴最新的研究顯示，即使是很愛用臉書、擁有上千好友數的用戶，通常也只會和固定的一百五十人互動，之中會密集交流的又少於二十人。

社交網站正在革新組織運作及人們的溝通方式，但最終對給你友誼補給的核心朋友圈影響有限。你可以透過臉書、推特、或是未來可能出現的任何新玩意來維繫三分熟人脈，很像你在大公司裡那樣。然而，七分熟人脈要堅固還得需要時常幫對方梳毛。那些用臉書好友數量來衡量自己的社會地位的人只是在自欺。你可以和數百位認識的人以及數千位粉絲分享一段山羊昏倒的影片，但你只敢對少數幾個至交好友透露祕密。

2 六度分隔理論亦稱「小世界現象」或「小世界效應」，它假設世界上所有互不相識的人只需要少數幾位中間人便能建立聯繫。後來哈佛大學的心理學教授史米爾格姆（Stanley Milgram）在一九六七年根據此概念做了一次連鎖信實驗，試著證明平均只需要六個人就可以讓兩個素不相識的美國人取得聯繫。

盲點 27
不喜歡流行商品的才是眞肥羊。➡ 出賣

誤解 消費主義及資本主義皆是靠企業與廣告維持的。

眞相 消費者彼此競爭地位，才是推動消費主義及資本主義的力量。

披頭族、嬉皮族、龐克搖滾樂手、頹廢搖滾、重金屬搖滾、歌德族（goth kid）、潮人，你這樣是否看出什麼模式？

無論你是否經歷過「自由之夏」運動（Freedom Summer）或是看過卡通影集《珍與雷射合唱團》（*Jem And the Holograms*），你在小時候的某個時刻會開始意識到誰在當家，而你想叛逆。你想要自我實現、找出自己的路，而你找到了一些眞實、有意義的東西。你不想聽流行音樂、看熱門電影還有電視節目，你想活得有深度，會去批評那些沒大

腦只會隨俗，把大眾文化囫圇吞棗的人。

然而，你還是得聽音樂、買衣服，去看電影啊。儘管想搞叛逆，總還是會有吸引你的東西。如果你以爲可以透過消費什麼來彰顯自己的獨樹一格，嗯哼，你沒有那麼聰明。

一九四〇年代以來，資本主義和行銷學結合了心理學與公共關係，不論你的品味爲何，這個合體愈來愈厲害，就是知道如何更有效率地生出貨品供你購買。

想像一個典型的龐克搖滾樂手，全身掛滿鏈子、釘子，還有華麗的褲子與皮夾克，是啊，這些衣服都是他買來的，有人會因爲他在穿著上的造反賺到鈔票。這是消費者反叛 (consumer rebellion) 的矛盾，每件事都脫離不了這個體系。我們都會出賣自己 (selling out)，因爲我們都會買東西。每個因爲反抗主流而產生的利基，都會很快就被商人盯上，然後找出法子把拒買主流商品的人變成肥羊。

從二十世紀晚期到二十一世紀早期，許多有想法的人想用藝術電影來突破這種現象，像是《鬥陣俱樂部》(*Fight Club*)、《美國心玫瑰情》(*American Beauty*)、《快餐王國》(*Fast Food Nation*)、《解構企業》(*The Corporation*) 等。創造這些作品的人很有理想，但作品依然變成生財工具。他們對於消費文化的抗議被消費了。

摩爾 (Michael Moore)、杭士基 (Noam Chomsky)、科本 (Kurt Cobain) 還有考夫曼 (Andy

Kaufman)，他們可能只對藝術創作或展現學院派理念感興趣，但作品一旦進入市場就會找到觀眾群，而觀眾讓他們致富。

希斯 (Joseph Heath) 及波特 (Andrew Potter) 兩位都是哲學家，他們在二〇〇四年寫了一本關於此現象的書《反叛銷售》(*The Rebel Sell*)，在美國的書名是《反叛國度》(*Nation of Rebels*)。這本書的主旨是，你無法透過反叛性消費來討伐這個體制。以下是多數反主流文化所植基的傳統思惟：

> 市場上彼此聲氣相關的企業都希望每個人愈從衆愈好，才能把最多的商品賣給最多的人。媒體透過新聞稿、廣告、娛樂節目等管道改造每個人的慾望，提高每個人的同質性。為了擺脫消費主義及從衆效應，你必須揚棄並拒絕主流文化。如此你的枷鎖會脫落，這部機器會停止運作，過濾器會瓦解，你將可看到世界真正的樣貌。對存在的錯誤認知會消失，我們所有人終於能夠真實地活著。

希斯與波特認爲，問題出在這個體系對於從眾效應根本不屑一顧。事實上，它熱愛多樣化，需要品味獨樹一格的潮人和自以爲音樂品味高超的人，才得以欣欣向榮。

舉例來說，有一個很棒、但只有你及少數幾個人知道的樂團，他們沒有唱片合約、沒有出過專輯，只是到處去表演，但真的很厲害。你逢人就推薦這個樂團，他們也逐漸累積不少的樂迷。接著出了專輯，賣得也不差，好到可以辭去白天的正職。這張專輯讓他們獲得更多表演機會和粉絲。沒多久，粉絲群就變得很龐大，還簽了唱片合約，開始上電台，還在《今夜脫口秀》(*The Tonight Show*) 上表演。現在，他們出賣自己，你不喜歡他們了，你放棄這個樂團再度去尋找其他更原汁原味的音樂，於是又重新開始一個循環。這就是把藝術家從谷底推上主流的那股助力，這股力量從未停止，而且變得愈來愈快、愈來愈有效率。

名不見經傳的樂團是一種特殊商品。住在偏僻地點的廉價公寓裡、穿著從廉價商店買來的衣服、看著沒人聽過的獨立影片，這些造就了特殊的社會地位，不同於主流市場中可以輕易購得的那些商品。

一九六〇年代，要發現可以賣紮染 T 恤及喇叭褲給想要獨樹一格的人，得花上好幾個月的時間。到了一九九〇年代，只消幾週就會懂得把法蘭絨襯衫及馬汀大夫鞋賣給南部各州的人。如今，企業還會僱人到酒吧及俱樂部觀察現在流行什麼反主流文化，趕緊在購物中心的商店架上備齊貨，等著它大行其道。

反主流文化、獨立製片粉絲、還有地下明星，他們都是資本主義背後的推動力量，是引擎。

這可以帶出結論，**消費者彼此間的競爭是推動資本主義的力量**。

高於貧窮線又算不上富有的人不得不為三餐工作，賺取足以溫飽的薪水。舉例來說，身為一位電話推銷員，你可以有飯吃、有衣服穿、有地方住，但你不是直接製造、種植或捕殺來得到這些賴以維生的東西，必須用錢去換取。結果情況就是，你有了空閒，手上也有剩下一些錢。

回到大量製造的時代之前，人們用工作和產出來定位自己。擁有的東西通常若不是親手自製、就是由別人手工做出來的。大夥所擁有、使用、居住的每樣東西都具有某種價值，都是心血的結晶。

如今每個人都是消費者，大夥必須和別人從同一堆產品選項中做選擇。因此，現在人是透過品味有多好、選擇有多聰明、多罕見、或多麼帶有諷世意味來定位自己。

如同《白人喜歡啥？》(*Stuff White People Like*) 一書的作者藍德 (Christian Lander) 在接受美國公共廣播電台 (National Public Radio, NPR) 訪問時指出，你和同儕競爭並希望略勝一籌。你藉由擁有比較卓越的電影和音樂品味、擁有正版傢俱和服飾來取得地位。每一項你可以擁有的產品或智慧財產都有多不勝數的版本可供選擇，因此，你便藉由消費來彰顯自己獨特的個性。

對電影、音樂或服飾進行批判，或是擁有精緻罕見的玩意，是中產階級和別人競爭地位的手段。他們無法藉由購買豪奢品壓倒對方，因爲沒這種閒錢，但是可以透過品味取勝。

每樣東西都是大量生產，而且是針對一般大眾，尋覓和買下那些看準你想要原汁原味的東西，正是這點讓這些物品、藝人、服務、商品從谷底飛上雲端，在那兒大眾才能消費得到。

於是，這個追求獨立、原汁原味、罕見、諷世、聰明的消費主義循環造就了潮人。這件事本身就很諷刺，但不是指他們標新立異去戴便宜的卡車司機帽或喝廉價的藍帶啤酒（Pabst Blue Ribbon）那種；**諷刺的地方在於，背棄主流文化的行為造就出下一波眾人想要背棄的主流文化。**

> 我認為，「出賣」（背叛自己）是那些手上在兜售的東西乏人問津的人在喊的。
>
> ——帕頓．奧斯瓦爾特（Patton Oswalt）

等的時間夠長，曾經是主流的事物都會再度變成罕見。一旦發展至此，落魄的主流對於在尋找原汁原味、聰明、或諷世意味的人而言將再度變成寶。這樣看來，價值並非天生。事物本身無啥價值，它的價值來自人們對於如何取得、以及爲何擁有的感受。一旦加入的人過多，就像風靡一時的超大眼鏡架或帶狀手環（slap bracelet），擁有這些物品、或成爲某樂團粉絲而得來的地位將煙消雲散，追尋戲碼再度開始。

無論哪一種社會，人們都會像這樣競爭。爭奪地位是人類身爲生物與生俱來的天性。窮人爭資源，中產階級爭品味，有錢人則爭收藏。

無論用什麼方式，你早就用某種方式出賣自己了。至於賣給誰、從中獲利多少，只是枝微末節而已。

盲點 28

我比同齡的人看起來都年輕呢！⬇自利偏差

✕ **誤解** 你是依據過去的成功與失敗來評價自己。

○ **真相** 你替自己的失敗找藉口，把自己看得比實際上還要成功、還要聰明、還要有能力。

早期心理學在發展時，科學家有個一面倒的看法，普遍認為每個人都有低自尊、不如人情結及自我厭惡的精神官能症，這些老舊觀念還深植在大眾的腦海裡，但大錯特錯。過去五十年所進行的研究呈現出完全相反的結果。你每一天都覺得自己很棒，至少遠比實際上的你要棒很多。

這是好事。自信多半是自欺，但是很有用處。生物本能驅使你自我感覺良好，以免活得像一灘死水。如果停下腳步如實檢討缺點與失敗，生活會因為害怕與自我懷疑而癱瘓。就算沒有這樣，隨著時間過去，你的自嗨機制也會開始失靈，然後停擺。你會沮喪焦慮，質疑自己和自己的能力。一般來說，這種情況會隨著你的心理免疫系統擊退負面想法而好轉。在部分地區，像是現代的美國，這種自嗨機制會因爲優越主義盛行而被強化。

自視甚高的天性也有個壞處。如果從未察覺自己把生活搞成多糟、對待朋友有多差、自己有多狂妄，看不清事態的嚴重性就足以毀掉你。

一九九〇年代有許多研究想要了解，人們在面對失敗與成功時有多麼容易自欺。研究結果顯示，成功時你往往理所當然地接受功勞；失敗時卻會怪運氣不佳、規定不公平、教練難相處、老闆豬頭、有人犯規等。表現得好，你歸功給自己；表現得不好，你歸罪給這個世界。這類行爲常出現在玩棋盤遊戲、民意代表競選、小組專案及期末考上。**如果一切順利，你歸功於自己才高八斗；一旦局勢逆轉，你歸究外在因素害你無法展現天賦**。過了一段時間才回顧時，這種傾向還會變本加厲，你把年輕時做過的蠢事、做錯的決定都推給「過去你」。根據威爾森 (Anne Wilson) 及羅斯 (Michael Ross) 於二〇〇一年所做的研究，你把「過去你」看成品味差、愚蠢又失敗，而「現在你」雖然好不到哪去，卻值得給三倍的掌聲。

拿自己和別人比較時這類思惟也同樣存在。最近三十年的研究顯示，幾乎每個人都認爲自己的能力比同事強、比朋友有道德、比一般大眾友善、比同儕聰明、比一般人有吸引力、比同地區的人不會歧視別人、比同齡的人看起來年輕、車開得比大部分的熟人好、比自己的兄弟姊妹優秀，而且會活得比平均壽命長（讀到這份清單，你可能會對自己說：「哪有，我沒有認爲自己比其他人好耶」，所以你自認比一般人誠實？）。這樣看起來，**沒有人相信自己屬於統計數字上靠近平均值的那一群。你不相信自己是個一般人，但相信其他人都是**。這種源自自利偏差 (self-serving bias) 的傾向稱爲「虛幻的優越感效應」(illusory superiority effect)。

你以自我爲中心到無可救藥，就像所有人一樣。你的世界生來就是主觀的，它會放入你的想法和行爲，但其中大部分是源自你在自己的小天地裡的主觀分析。對你的日常生活造成影響的事，會比發生在遠處或他人的想法還重要。說到評斷自己的能力和地位時，自我中心讓你很難把自己看成一個數字、一個平均值。你對這種念頭敬謝不敏，並尋找任何能把自己看成獨一無二的方法。一九九九年，紐約大學史登商學院 (Stern School of Business) 的克魯格 (Justin Kruger) 證實，虛幻的優越感比較容易出現在事前被告知任務很簡單的研究對象心裡。被灌輸一般人認爲這個任務很簡單的念頭之後，在評價自己的能力時，他們回答說表現比平均值好。當克魯格告訴研究對象有一項困難的任務要做時，他們把自己的表現評爲低於平均值，僅管實際上任務不難。無論眞實難易度爲何，只要先說就先贏，就能改變人們拿自己和一個假想的平均值相比的結果。**想驅逐不能勝任的感覺，你就先把任務想得輕鬆簡單，如果有辦法做到這點，虛幻的優越感就可以完成後續的事。**

自利偏差及虛幻的優越感並不只是發生在對於行爲表現的看法上，你也會用同樣的心理機制來感覺自己在人際關係和社交上的地位。一九九三年，史丹福大學的祖克曼(Ezra Zuckerman)與約斯特(John Jost)要求芝加哥大學的大學生評估自己相較於同儕的受歡迎程度，並把這些評估拿來和別人做的研究相比，他們是根據泰瑟(Abraham Tesser)在一九八八年提出的「自我評價維護理論」(self-evaluation maintenance theory)來做這個研究。根據泰瑟的研究，你會比較注意朋友的成敗，多於留意陌生人的成敗。你拿自己和親近的人比較，藉以評斷自己的價值。換言之，你知道美國總統歐巴馬及演員強尼・戴普很成功，但是你不會以他們爲標準來和自己比，但會拿同事、同學或高中就認識的朋友來和自己比。祖克曼與約斯特要求學生列出他們視爲朋友的人數，然後問研究對象是否認爲自己比其他同儕有更多朋友，以及是否認爲自己的朋友數比一般學生的平均朋友數多。三十五％的學生表示自己的朋友比一般學生多；二十三％的學生表示自己的朋友較少。拿自己與同儕相比時，優於平均值的感覺強化了，四十一％表示自己的朋友比那些他們視爲同儕的人多，只有十六％表示自己的朋友較少。用這些數字看來，你認識的每個人都自認比你受歡迎，而你也自認比他們受歡迎。

當然，你的某些缺點實在太大，自己想視而不見都難，但是你膨脹了自我感覺良好的部分來彌補。在比較才能、成就及友誼時，你往往放大優勢，將劣勢輕輕帶過。你是個天生的騙子，而你最愛騙的是自己。如果失敗，你忘得一乾二淨；如果成功，你巴不得告訴每個人。說到對自己及所愛的人誠實，你沒有那麼聰明。但是，當自嗨機制耗光油料時，是自利偏差幫你撐下去。

盲點 29

眞想挖個洞鑽進去。⬇ 焦點效應

誤解 身處人群中，你覺得每個人都在注意你的外表和一舉一動。

眞相 除非有特別提起別人的注意，否則人們很少會注意你。

你在派對上把飲料灑了一地，襯衫沾了芥末漬，簡報當天額頭爆出了一顆青春痘。喔，天啊！別人會怎麼想？很可能的是，他們什麼也不會想。多數的人根本不會注意到，就算注意到了，隔個幾秒就會拋諸腦後，忘了你的不完美，忘了你的失誤。

你瘦身有成，買了條新褲子，大刺刺從大門走進來，想說會引起一些注目。又或許你剪了新髮型、買了新手錶，比平常多花了十五分鐘站在鏡子前，以爲全世界都會注意到。你花了這麼多時間忖度自己的外型、想法及舉止，於是認爲別人也一定會注意到這些。研究顯示他們並不會，至少不會像你自己那麼在意。

身處人群或公眾場合，你常認爲自己再細微的舉動都會看在每個人眼裡。必須站到台上或第一次約會時，這個效應會更強。你注定是自己這個小宇宙的中心，很難評斷別人會給你多少注意力，因爲你時時在注意自己。當你想像自己站到觀眾面前，深信每個小失誤都會被看得一清二楚。和人群互動時，你沒有那麼聰明，因爲你太以自我爲中心了。所幸，別人也都是如此，他們同樣深信自己的一舉一動都有人在看。

康乃爾大學的吉洛維奇（Thomas Gilovich）於一九九六年創出「焦點效應」（spotlight effect）一詞，他研究的是人們認爲自己的舉動與外表受他人注意的程度。他讓大學生穿上印有巴瑞．曼尼洛（Barry Manilow，在大學生心中不怎麼有名的歌手）笑臉的 T 恤，然後去敲一間教室的門，裡頭坐滿了在塡問卷的受試者。上課、上班遲到，或是走進高朋滿座的劇院或夜店時，你總覺得每雙眼睛都在盯著你，對你品頭論足。而這些學生必須脫掉自己的衣服，換穿上印有曼尼洛大臉的 T 恤，因此吉洛維奇的研究假設是，他們走進教室時對「焦點效應」的感受會格外強烈。每個人都得去敲門，然後走進教室裡頭去和研究人員講些話，然後研究人員會拉張椅子，請這位很窘的研究對象坐下，他一坐下馬上又被叫起來，然後被帶去聽一個任務說明。吉洛維奇要研究對象估計教室裡有多少人注意到他們的 T 恤。穿著令人尷尬 T 恤的學生覺得教室裡大約會有一半的人看到，並覺得它極可笑。研究人員接著請教室裡的人描述穿T恤走進教室的研究對象，大約二十五%的人記得看到曼尼洛。在刻意設計要引起注意的情境中，只有四分之一的受試者注意到衣服穿得怪怪的，而並不是一半的人都注意到。吉洛維奇重複做這項實驗，這次允許學生選擇印有美國知名諧星塞菲爾德（Jerry Seinfeld）、雷鬼教父巴布・馬利（Bob Marley）或金恩博士（Martin Luther King Jr.）的潮T。這一回，研究對象的估計還是沒變，他們認爲教室裡會有半數人注意到身上的超酷T恤。結果，只有不到十%的人看到。**這顯示出無論是正面還是負面形象，「焦點效應」對你自己都有很強的影響力，但真實世界不太會去管你有沒有在裝酷**。吉洛維奇在熙來攘往的紐約街頭反覆進行這項實驗，儘管研究對象覺得好像有個超大的聚光燈，照著他們在這個世上所占據的彈丸之地，人們的目光都會落在他們身上，事實是，大多數的路人壓根沒有留意他們。

「焦點效應」讓你相信，開著一輛全新的超跑在街上呼嘯而過，路人都會注意到你。才不會咧。畢竟，你會記得上回看到一部超炫名車時，有看到是誰在開嗎？你甚至記不得上次看見超炫名車是什麼時候吧？這效應在其他狀況裡也會出現，例如玩「搖滾樂團」遊戲、唱卡拉OK、或任何你覺得一舉一動會被人盯著看的事，你相信表現的好好壞壞都會有人登錄下來仔細評審。並非如此。

你會用道歉或開自己玩笑的方式來化解尷尬，但那其實不重要。二〇〇一年，吉洛維奇讓研究對象比賽玩一種兩組人對抗的電玩，然後要他們評估隊友或對手有多麼留意自己的表現。他發現，人們很注意自己玩得如何，卻很少留意別人的表現。玩的時候，覺得每個人都會知道自己有多會玩。

研究顯示，你認爲對方會記住你在談話時發表的高見，並非如此。你覺得所有人都會注意到你講話時有結巴，不是這樣，除非……你每次結巴時都道一次歉。

下次額頭冒了痘痘、買了雙新鞋、或在推特上抱怨日子無聊時，別以爲每個人都會注意到。你既沒有那麼聰明，也沒那麼特別。

盲點 30
吼，這種節目會教壞小孩！⬇第三人效應

✕ 誤解

你相信你的選擇與決定是依據經驗與事實來的，但那些與你意見不同的人是誤信了謊言與被洗腦，他們的消息來源你認為不可靠。

○ 真相

每個人都認為與他們意見不同的人是因為很好騙，每個人都認為自己很難被說服，但事實上沒那麼難。

我可以看穿政客的謊話，但眾人皆醉我獨醒，別人很蠢，什麼都會相信。我寧可跳出來主導意見，也不要人云亦云。

你是否也曾經這麼想？如果我告訴你每個人都是這麼想，你會不會一陣耳鳴？

倘若每個人都覺得自己不易上當，不可能輕信廣告、政壇上的雄辯滔滔或是蠱惑

人心的金光黨，那麼一定是有人在騙自己喔。有時候，「有人」是指你。

每天對你疲勞轟炸的資訊不計其數，其中許多之所以很危險，是因爲它們可能會對其他人造成影響，或者變成壞念頭在心底萌芽，如果又受到來自暴力電玩或深夜節目形形色色的誘惑，最後壞念頭就會變成爲非作歹。每種資訊的釋出，都會有人想拉警報，不是怕自己會受到影響，而是怕它可能會影響到某個想像中的第三人的想法與觀點。**害怕言論對於他人、而不是對自己造成影響的憂患意識，就稱為「第三人效應」(the third person effect)**。

身爲現代人，注定會被傳媒的資訊疲勞轟炸，但你認爲自己比別人更有免疫力，不知哪來的自信，自認懂得對想說服你的人保密防諜，所以不擔心自己會被影響，但別人能不能像你一樣有意志力，你就說不準了。所以囉，如果你跟大多數的人一樣，就會覺得有些人還是惦惦爲妙，甚至有些話最好先審核一番，不是爲了你，而是爲了其他人好。

其他人指的是誰？這會隨著時代思潮而改變，可能是小孩、高中生、或大學生；可能是自由派或保守派人士；也可能是老年人、中產階級、或超級有錢人。只要是你不隸屬於的團體，你認爲他們都很可能臣服於你不認同的訊息。

從古至今，心理學研究揭露了許多人們在不知不覺中受到影響的方式，像是先前學過的觸發效應和情感捷思。無論你看過、聽過什麼，都會對你後續的行爲產生大小不一的影響。你認爲這點對別人而言是眞的，但自己不會如此。

帕洛夫 (Richard M. Perloff) 在一九九三年，保羅 (Bryant Paul) 在二〇〇〇年都檢視了心理學家戴維森 (W. Phillips Davison) 在一九八三年創出「第三人效應」一詞後的所有研究。戴維森發現，有些人認爲必須對媒體的特定訊息採取行動，問題不在於訊息中傳達了什麼，而在於誰可能會接收到。他點名「第三人效應」，認爲它讓宗教領袖對於異端邪說震怒、執政者對異議言論怒不可遏。他進一步發現，審查制度的出現是源自認定「有些訊息可能會危害較易受左右的人」的想法。帕洛夫與保羅發現，若你對提供意見的來源抱持成見，或訊息內容與你感興趣的事物無關，「第三人效應」都會被強化。總而言之，他們分析的結果綜合起來，告訴了我們，多數人都自認不是多數人。

你拒絕相信別人能說動你，要保持這股信念，就必須去假設那些滿天飛舞的誇誇其談都能打中一些目標，否則它們是怎麼奏效的？你認爲，起司漢堡的廣告是鎖定沒有自制力的肥仔，直到你餓得眼冒金星，不得不在幾間速食店中挑一家用餐；你認爲，酒類廣告看板是給趕時髦的潮人看的，直到你參加公司的聖誕派對，站在免費吧台旁那個傢伙問了你想喝什麼；你認爲，開車勿傳簡訊的宣導是給生活哲學和你不同的人看的，直到有一天你在等綠燈，聽到一封電郵傳來，羞愧地把手伸向電話。

當你在觀看喜歡的新聞頻道或閱讀喜歡的報紙、部落格，你覺得自己是個獨立思考的人。你也許對某件事的看法和別人相反，但自認心胸寬大，自認會檢視事實並在理性客觀分析之後才下結論。在電視機的另一頭，電視台和製作人都會用統計、收視率、人口類型分析來設計節目，他們才不管第三人效應，好讓你繼續幻想說自己不屬於會看某個節目的觀眾群。你覺得自己不同於住在同一個社區、上同一間學校、做你這行的那些人，你獨樹一格，有一套與眾不同的處世哲學。你沒有想到的是，光是住在同一個社區、上同一間學校、做你這行，就代表你是會做這些事的人，否則你就去做別的選擇了。你也許會說，「呃，我別無選擇，我必須做這些。」但你沒想到的是，你的同儕們用的也是同一種藉口。

「第三人效應」並不只出現在廣告或政治領域中，本書所探討的思考盲點，幾乎都會有很多人在讀到或聽到時，認為這些錯覺與偏見都只會影響他人，而不是自己。

「第三人效應」是「自利偏差」的另一種版本。你為自己的失敗找理由，把自己看的比實際上還要成功、還要聰明、還要有才能。深入研究「自利偏差」發現，受試者通常覺得自己的能力比同事好，比一般人會開車，比同齡的人有魅力，會比一起長大的那些人活得更久。再來，他們覺得自己比大多數人更不容易受騙。但要記住的是，你不可能在每個類別裡都當少數民族。

如果「第三人效應」讓你覺得審查制度是必要之惡，退一步想像一下，和你持相反意見的人可能認爲你也在被某些訊息洗腦，再問問自己，那些訊息是否也該接受審查。

盲點 31

脾氣發完就沒事了？沒這種好事！⬇宣洩

✕ 誤解 發洩憤怒很有效，可以減輕壓力，以免讓怒氣殃及朋友和家人。

○ 真相 日子久了，發洩會讓自己愈變愈暴躁。

盡情發洩！

讓憤怒累積在心裡，會毒害心靈，會擴散成腫瘤，大肆宣洩，去把牆壁搥出個洞、把車門用力甩到車窗都碎裂了。

負面念頭不應該壓抑在心裡，否則會愈演愈烈，形成負面能量的壓力鍋，隨時可能達到臨界點，然後爆炸。

幫自己找顆捏捏球，使盡全力捏爆它，用兩手像是要掐死它那樣用力壓；去健身房狠狠地捶沙袋；也可以在電玩裡瘋狂掃射；把頭埋進枕頭裡大喊。

好過一點了嗎？當然，宣洩一下感覺很棒。

問題來了，宣洩沒有什麼用處。情況只會更糟，它會讓你的心智混亂，預設出未來的行爲模式。

宣洩 (catharsis) 的概念可以回溯至亞里斯多德及希臘戲劇的時代，甚至更早。這個詞源自於希臘文的 *katharein*，意思是純化、淨化。釋放被壓抑的情緒或眼淚，是亞里斯多德用來與柏拉圖爭辯的重點。柏拉圖認爲詩及戲劇用可笑的內容餵養人們，讓人身心失衡；亞里斯多德認爲恰恰相反，他說看著悲劇中的人物活得慘兮兮、或是終於贏得勝利，觀眾席中的你會爲他們潸然淚下，或是因而感覺到一陣雄性荷爾蒙，你釋放了這些情緒而讓心靈獲得平衡。看來似乎合情合理，這也是爲什麼模因 (meme)[3] 可以在這些偉大的哲學家出現之前，便已在許多人的腦海中蔚然成長。

性需求得到紓解感覺很好；噁心時吐一吐比較舒服；終於衝到廁所裡解放完成也很暢快。無論是驅邪還是排便，概念都一樣：排出壞東西，你就可以回歸常態。平衡情緒，像是暴躁、憂鬱、鎮定與樂觀，是從古希臘名醫希波克拉底 (Hippocrates) 到古老西方都仰仗的醫學基礎，要達到平衡通常意謂得排出些東西。

時序快轉到佛洛伊德的年代。

從十八世紀末到十九世紀初，佛洛伊德 (Sigmund Freud) 一直是科學及流行文化界的超級巨星，他的研究成果影響了政治、廣告、商業及藝術等諸多領域。在十九世紀邁向二十世紀時當個致力研究心智的科學家，是一樁很有趣的事，因為當時並沒有太多可用的工具。這就有點像是在望遠鏡還未發明之前當個天文學家。心理學界崛起的新星要想揚名立萬，得提出複雜的理論，解釋心智的結構及念頭從何而來。心智完全無法用肉眼觀察，這些理論家沒有太多資料可以用，於是就會想用個人的理論與推測把空白填補起來。拜佛洛伊德之賜，宣洩理論及心理治療成了心理學的固定咖。他推論，治療師用虹吸管幫你過濾掉心裡的雜質後，你的心理就能健全。他認為，壓抑的恐懼及慾望、沒有解決的爭端及未曾治癒的傷口，讓你的心理受盡荼毒，圍繞著這些心理負擔會滋生出恐懼和沉迷，你得把它們都翻一翻、挖一挖，打開窗戶，讓新鮮空氣與陽光透進來。

怒氣水壓模型 (hydraulic model of anger) 顧名思義，指的是憤怒會在心裡持續累積高漲，除非你釋放掉一部分能量。能量若不釋放，鍋爐就會爆炸。聽來順理成章，你甚至可以回想過去，想起的確有過那種時候，你在發飆、捶牆、摔盤子之後，感覺真的有變好。但是，你沒有那麼聰明。

一九九〇年代，美國愛荷華州的心理學家布希曼 (Brad Bushman) 決定研究宣洩情緒是否眞的奏效。那段時期，心理勵志的書大行其道，對於抒壓與化解怒氣的主流建議是用力捶打無生命的物品、或是把頭埋進枕頭裡大叫。布希曼跟很多比他早期的心理學家一樣，都認爲這麼做並沒有幫助。

在布希曼的一個研究中，他把一百八十名學生分爲三組，一組閱讀平常的文章，一組閱讀的文章描述一個造假的研究，指稱宣洩怒氣是有效的，最後一組閱讀的文章則是描述另一篇假研究，指出宣洩沒有效。接著請學生寫一篇贊成或反對墮胎的作文，這應該是他們會很有共鳴的主題。布希曼告訴他們，文章會交由其他同學評分，但其實不是。領回自己的文章時，半數被評爲極優；另一半的文章則用大大的潦草字跡批著「這是我看過最爛的文章」。接著請受試者選擇一項活動來做，像是玩電玩、看喜劇、讀故事、或是捶沙袋。結果呢？讀過宣洩有效那篇文章的人，現在被激怒時，比起別組的人更容易選擇捶沙袋。而不論是哪一組，獲得稱讚的人選的通常是比較沒有攻擊性的活動。

也就是說，**如果你相信宣洩有效，就更可能去尋找宣洩之道**。布希曼決定更進一步研究，讓憤怒的人尋求報復。他想了解宣洩是否眞能平熄怒火，怒氣是否眞的能從心中釋放掉。第二個研究大致雷同，但這次把拿到「這是我看過最爛的文章」的研究對象再細分成兩組。兩組都被告知要與評分的學生比賽。賽前，其中一組得去猛捶沙袋，另一組則必須靜坐兩分鐘，打過、坐過之後比賽開始。遊戲很簡單，看誰搶先按到按鈕。輸了，你要受可怕的噪音轟炸。贏了，對手要被轟炸。贏的人可以決定用多大音量轟炸對方，從零至十，十的音量高達一百零五分貝。你可以想見結果爲何嗎？捶過沙袋的小組平均把音量調到高達八．五，靜坐過的小組把音量調在二．四七。也就是說，**生氣的人不會因為猛捶過沙袋就沒氣了，怒火反而被激得更旺；靜坐過兩分鐘的小組失去復仇的胃口**。後續的研究改成讓受試者決定對手要吃下多少辣椒醬，捶沙袋小組把醬堆得老高，靜坐小組不會這樣。而且，在捶沙袋的小組玩填字遊戲遇到ch＿＿e這個題目時，通常拼出的字是choke（使人窒息），而不是chase（追）。

布希曼進行這項研究一段時間，得到的結果都相同。若你認爲宣洩有效，被惹毛時就很可能找出法子宣洩，但是這麼做只會愈來愈生氣，不斷採取更激烈的行爲繼續宣洩。宣洩就像毒癮一般，因爲其中有大腦化學成分及其他強化行爲的因素在作用，如果習慣了發飆，就會變得非發飆不可。比較有效的做法是喊停，把怒火從火源移開。

布希曼的研究同時也戳破了把怒火藉由運動這類的活動來發洩的想法，認爲只會維持生氣的狀態，或者提高警醒程度(arousal level)，將來還可能更容易衝動，假如你平靜下來，就不會有這種後遺症。然而，**平靜不代表對怒氣完全不予以理會，布希曼建議可以延遲反應，先放鬆、讓自己從中抽離去做些溫和的活動**。

吵架、別人超車、或有人罵你三字經時，請記住宣洩帶不走負面能量，但確實能大快人心。問題就在這邊，痛快歸痛快，但宣洩就像情緒在跑倉鼠滾輪，原本你想要宣洩掉的情緒都會再滾回來，如果你覺得宣洩一下很讚，將來就會一用再用。

3 模因指的是文化面的遺傳因子，經由複製（或模仿）、變異與選擇的過程而演化。理查．道金斯在《自私的基因》一書中，把文化傳承的過程用生物學的演化規則作類比，而創造出這一詞。

盲點 32

改造記憶就能改寫你的人生。
錯誤訊息效應

✕ **誤解**　記憶可以像錄下來的影片一樣重播。

○ **真相**　記憶會根據當下有的新資訊更新，因此非常容易受到現況影響而被滲透。

某個晚上朋友提起一件事，說起那回你們倆一起看了《鐵窗喋血》（*Cool Hand Luke*），然後一時興起，想看看你有辦法吞進多少顆水煮蛋，你塞了五顆就開始反胃，發誓這輩子再也不要吃水煮蛋了。你們大笑，並爲年少時的傻氣碰碰杯子說乾啦，沒想到另一個朋友意外潑了你好大一盆冷水，「那是我好不好，而且你當時根本不在場。」

你捲動記憶之軸，心底的漫畫書不停地翻頁，想找到一格畫面可以確認或反駁自己瘋了，卻找不到鐵證來說誰的記憶才是對的。蛋到底是誰吞下去的？

也許不至於會這麼誇張，但三不五時總是會有人說出的事情和你記得的版本不同。他們描述的細節好像都沒有被你腦中的稽核員逮住。**發生類似上述情況時，你會很苦惱，因為我們通常不知道自己有竄改回憶的毛病**。記憶不僅會受他人影響而改寫，你也會在沒有自覺的情況下順順說不通的地方、更動時間順序、甚至捏造劇情，一直到在錄影帶中看到經過、或從別人口中聽到另一個版本，才會如夢初醒。你自然地認為回憶會是連貫、而且只有一個版本的電影，但請想想你所看的上一部電影，能記得的有多少？坐下來閉起眼睛，你能絲毫不差地回想出每一幕、每一句台詞？當然不能，那又為何要認定自己可以精確地記住你的人生電影呢？

拿出一張紙準備來寫些東西，請認真試試看，保證好玩。

預備好囉。

請先大聲唸出下面這些名詞，然後把書蓋上不要偷看，試著全默寫到紙上，自認都寫齊了再拿書出來對。

開始：

大門、玻璃、窗格、陰影、壁架、窗台、屋子、空地、窗簾、窗框、視野、微風、紗窗、百葉窗現在看看你的答案紙，寫對了幾個？你是否寫了「窗戶」這個名詞？如果測驗正常進行的話，八十五%的人都以爲看到「窗戶」這兩個字，實際上並沒有。覺得看過，是因爲「錯誤訊息效應」(misinformation effect) 在作祟，害你記錯。

一九七四年，華盛頓大學的羅芙特斯 (Elizabeth Loftus) 做了一項實驗。她請研究對象看車禍影片，然後預估車速。研究對象被分成幾個小組，每一組被問的問題大同小異，只是動詞不同。問題長這樣：

- 車子互相衝撞 (smash) 時，車速大概有多快？
- 車子互相撞擊 (collide) 時，車速大概有多快？
- 車子互相碰撞 (bump) 時，車速大概有多快？
- 車子互相撞到 (hit) 時，車速大概有多快？
- 車子互相擦撞 (contact) 時，車速大概有多快？

他們以每小時多少英里爲單位，預估的平均值如下：

✡衝撞：四十．八英里（約六十五．三公里）
✡撞擊：三十九．三英里（約六十二．九公里）
✡碰撞：三十八．一英里（約六十一公里）
✡撞到：三十四英里（約五十四．四公里）
✡擦撞：三十一．八英里（約五十．九公里）

只是稍微改變用詞，受試者的記憶就跟著改動。車禍畫面在腦中重播，但題目用「衝撞」一詞的那組人，自動會更新記憶，把記憶中的車速調快到符合這個動詞。

她繼續加碼，問同一批受試者是否記得看見影片中碎了一地的玻璃。影片中其實沒有碎玻璃，但結果並不讓人意外，問題中用「衝撞」一詞的小組聲稱有看到的人，是別組的兩倍。

在這之後，不同的人做過數百個「錯誤訊息效應」的相關實驗，研究對象被五花八門的東西騙倒，螺絲起子成了扳手，白人變成了黑人，接觸過的人被來來回回調包。在其中一項實驗，羅芙特斯讓受試者相信自己小時候曾在賣場走失過，他們閱讀四篇由其他家人寫的文章，但其中寫到小時候走失的那篇是假的，四分之一的研究對象把這虛構的故事照單全收，甚至加油添醋，編出文章中並未提及的幻想情節。甚至，羅芙特斯只是讓研究對象看過小孩和邦尼兔（Bugs Bunny）握手的一個假廣告，就足以讓他們相信小時候去迪士尼樂園玩時，跟邦尼兔握過手，可是迪士尼樂園中根本就沒有這個角色。她還在另外一項實驗改變了受試者的口味，她騙他們曾經提說小時候因爲吃到某樣東西而生病，幾星期後同樣的食物端上桌時，他們眞的就不敢吃。其他的實驗中，她讓受試者相信自己有過差點溺斃以及在動物攻擊下逃生的經歷，這些都不是眞的，但所有的人都沒有太猶豫，就把這些記憶放進人生故事裡。

羅芙特斯畢生致力於證明記憶不可信賴。她花數十年的時間呼籲不能用目擊者證詞、以及讓嫌疑犯列成排供指認的做法，她也批評那些聲稱可以喚醒童年深埋記憶的心理學家。舉例來說，她在一場實驗中讓受試者目擊一個假的犯罪經過，然後要他們從一排人之中指認凶手。警方告訴他們凶手就在其中，但這是故意騙他們的，裡頭全是無辜的人，卻還是有七十八％的受試者指認了其中一人就是他們所目擊的罪犯。羅芙特斯表示，記憶的運作方式和我們想的不一樣，儘管如此，許多單位與社會例行作法卻還是堅信記憶就是那麼一回事。

對於這種現象固然可以有許多不同的解釋方法，但會造成的影響倒是可以確知，也很好預料。科學家普遍都同意，記憶不像錄影下來或是把資料存到硬碟，而比較像是當場要把樂高積木從桶子裡拿出來組合。神經病學家薩克斯（Oliver Sacks）在《色盲島》(*The Island of the Colorblind*) 書中寫到一名病患，他在大腦受傷後失去辨色能力，不僅無法看到某些顏色，也無法想像或是記住它們。他對車子、服裝及宴會的記憶突然間被抽掉、被洗去。就算這些記憶在他還能看見顏色時已經存在，現在卻只能以現有的想像能力來重新建構。每一次記憶，都是從頭開始，歷經的時間愈長，記錯小事的可能性就愈大。若再外加一點干擾，就可能連大事都搞錯了。

二〇〇一年，華盛頓大學的羅迪格三世 (Henry L. Roediger III)、米德 (Michelle L. Meade) 及柏格曼 (Erik T. Bergman) 請學生列出十樣他們預期會在一般廚房、工具箱、浴室及其他住家常見空間裡會看到的物件。你也可以試試，你覺得會在這個時代的廚房裡看到哪十件東西呢？這樣一個想像中的地點，這樣的認知就叫「基模」(schema)。對每樣東西你幾乎都會有個基模，不論是海盜、足球或顯微鏡等，會有影像及相關概念環繞著某種物品、某種場景、某種空間等，於是形成種種的原型 (archetype)。原型是由你在實際生活中或聽聞到別人的故事後隨著時間逐漸成形的。你對於從未去過的地方也可以有基模，像是海底或是古羅馬。

舉例來說，想到古羅馬人，你腦海是否就浮現雙輪戰車、大理石雕像還有雪白圓柱？極有可能，因爲這是電影及電視裡最常呈現的古羅馬樣貌。如果告訴你那些圓柱及雕像其實應該加上七彩繽紛的顏色，以今日的美學標準看來很俗麗那種，你是否會感到驚訝？實際上眞的是如此。你的基模運作地很快，卻很不正確。基模的運作就像捷思，你愈不須要去想這些概念，愈能快速處理相關的想法。當基模使你產生成見、偏見或是認知偏差，就等於你爲了搶快而在可容忍的範圍內犧牲一些正確性。

回到方才的實驗。在心理學家讓學生列出在不同的住家區塊中預期會看到的物品後，他們請來另一批學生，與剛才列清單的學生兩兩配成一組。受試者與來配對的學生（他們知情，並配合演出）一起觀看住家各區塊的幻燈片，他們被告知必須仔細看，因爲稍後得要把看到的東西背出來。爲了要淡化印象，受試者得先做一些數學題再進入實驗的最後階段。他們找來同組的夥伴，互相大聲說出他們在各區塊所記得的東西，但同組夥伴會故意把不在幻燈片的物品也喊出來。以廚房爲例，明明沒有烤麵包機和隔熱手套，但配對的夥伴兩樣都會提到。用過這一招後，再給受試者一張紙，要他們把所能記得的東西全寫下來。

你可能已經猜到了，受試者在各區塊所看到的物品很輕易地被植入錯誤記憶。他們列出實際上不曾出現、但同組夥伴有提到的物品。他們對廚房的基模早已包含了烤麵包機及隔熱手套，所以，當夥伴喊出有看到這些東西，他們毫無抗拒就會將它們納入記憶中。不過，若夥伴表示看到廚房裡有馬桶，那他們就會比較難接受。

一九三二年時，心理學家巴特雷特（Charles Bartlett）給受試者聽一則美國印地安傳說，請他們在一年之中每隔幾個月回來對他重述一次故事內容。故事內容隨著時間過去，愈來愈不像原始情節，反倒變得比較像是受試者在自己成長背景中會聽說的故事。

原始故事是這樣，兩個來自伊古拉克（Egulac）的人沿著一條河獵捕海豹，他們彷彿聽到陣陣廝殺聲，於是躲了起來，直到一艘載了五個人的獨木舟靠近才現身，這些人希望他們幫忙一起去戰鬥。一個人同意；另一個人則決定返家。之後的故事發展讓人丈二金剛摸不著頭腦，打鬥時有人聽另一個人說這些人其實是幽靈。和戰士一起走的那個人遭到襲擊，但是沒人知道是什麼或是誰攻擊了他。他回家後告訴族人事發經過，說他和幽靈打鬥。結果隔天早上，不明黑色物質從他口中流出，一命嗚呼。

這個故事不只古怪，寫的方式也特殊，所以很難理解。隨著時間過去，受試者開始把故事改得讓自己容易理解。他們的版本比較短、比較有前因後果，許多原本不合邏輯的細節都被刪掉。幽靈變成了敵人或外星人，但通常會變為故事的主軸。還有許多人把他們詮釋為殭屍，儘管在原本的傳說中幽靈指的就是幽靈。那人快死時有得到妥善照顧，海豹獵人成了漁夫，河變成了海，黑色物質變成要脫離的靈魂或是血塊。經過將近一年，故事開始出現新角色、新圖騰、以及原始故事所沒有的新意義，像是那是趟朝聖之旅，或是以死獻祭。

記憶不僅有瑕疵，還會不停改變。你不僅會戴上「現在」這個濾鏡來看過去，你的記憶也很容易受到社會感染（social contagion），你整日不斷地把別人的記憶與自己的放到一起。很多研究都發現，記憶可以被滲透、可以被塑造，而且會與時俱進。記憶不固定、也不會持續一輩子，反而比較像是一場夢，日有所思，就把新的元素攏到夢裡加油添醋。你覺得有可能發生的事，就比較不會去管它是否眞的發生過。

這些研究最令人震驚的是，記憶竟然這麼容易竄改，一件事多說幾次就可以改寫你的人生故事。更奇怪的是，記憶改變，你對它反而還更深信不疑。想想朋友、家人及媒體對你的所思所感不停地疲勞轟炸，那麼你的回憶有幾分眞呢？有多少的內容是眞正來自你自己？還有那些前人流傳下來的故事、在餐桌上分享的消息，眞實對虛構的比例是多少？知道了「錯誤訊息效應」，不僅是要你對目擊者證辭和自己的人生回憶的信任有所保留，如果碰到有人對一件事先是表示百分之百肯定，後來才發現好像經過太多美化、甚至根本就是幻想時，你可以寬容地一笑置之。

想想先前那個測試，出現了一堆繞著窗戶打轉的名詞，就讓你誤以爲在其中有看到「窗簾」。要植入這個記憶幾乎不費吹灰之力，因爲動這個植入手術的人是你。請認清你所擁有的掌控權……等等，前頭記錯的字是「窗簾」嗎？

盲點 33

為什麼假警察要你匯錢，你就乖乖匯錢。⬇順從效應

✕ 誤解 你意志堅強，除非受到脅迫否則不會輕易順從別人。

○ 真相 只要抬出權威人士或給你一點社會壓力，你就會聽話，因為這是生存本能。

二〇〇四年四月，一個自稱是史考特警官的人打電話到位於肯德基州華盛頓山(Mount Washington)的麥當勞。他告訴接電話的副理唐娜・桑默斯(Donna Jean Summers)，說是有人通報了一起竊盜案，嫌疑犯的名字叫露易絲・格博恩(Louise Ogborn)。

露易絲年方十八，在這家麥當勞裡打工，在電話那一頭的男人要唐娜把露易絲帶到餐廳辦公室，鎖上門，剝光她的衣服，當時還有一名副理旁觀。他接著要她描述這位光著身子的少女給他聽。這件事持續了超過一小時，直到唐娜告訴史考特警官她必

須回到櫃檯繼續工作。警官問她，她的未婚夫是否可以過來接手，因此她打電話請未婚夫前來店裡。他很快抵達，接聽電話，然後開始聽命行事。史考特警官要他叫露易絲跳舞、開合跳，站到房間的家具上。他照做，她也照做。史考特警官的要求愈來愈煽情。他要未婚夫叫露易絲坐在他的大腿上吻他，這樣他就可以聞到她的氣味。如果她不肯，警官就要他打她光溜溜的屁股，他真的打了。經過了三小時的折磨，史考特警官最後還說服唐娜的未婚夫強迫露易絲幫他口交，而他在電話那一頭聽著。他接著要求找另一個男人來換手，而當一個維修技工被叫進來接電話時，問究竟是怎麼一回事。這名技工非常震驚，覺得有鬼，這位「史考特警官」於是掛斷電話。

這名偽裝是警察的人在四年內打了七十多通這類的電話，這只是其中一通。他打電話到位於三十二州的速食店，說服別人羞辱自己或別人，有時候是在隱密空間裡，有時候則是當著顧客的面前。他在每通電話上，都聲稱自己是和總公司、或是和該分店的主管合作辦案。他總是說有犯罪事件發生，而且警調人員正在趕過去的路上。接電話的員工都會很聽他的話，脫光衣服、擺姿勢、羞辱自己讓他取樂。警方最後逮到了這名叫史都華 (David Stewart) 的人，他是佛羅里達監獄的警衛，身上有一張電話卡可以追蹤他與數家速食店的通話記錄，包括上述遭到惡作劇的那一家。史都華二〇〇六年上了法庭，最後卻無罪釋放。陪審團表示，沒有足夠證據可以定罪。但審判之後就再也沒有這類惡作劇電話了。

竟然有這多人會乖乖聽從一個素未謀面的人指示，而且是在沒有證明他是警察的情況下，這究竟是怎麼搞的？

如果我給你一張上頭有一條線的卡片，再給你另一張上頭有一條等長的線，但旁邊畫著較長、較短各一的線，你覺得可以看出和第一張卡片等長的那條線嗎？你可以看出三條線中哪條線和第一張卡片的線一樣長嗎？

你可以的。幾乎任何人都只要花個幾秒就可以找出那條線。現在，假設你身處一個小組之中，大部分成員都覺得較短的那條線才和第一張卡片的線等長，在小組必須取得共識的情況下，又會如何呢？

一九五一年，心理學家阿希 (Solomon Asch) 經常進行這類實驗，他先讓一群人聚在一起，看上述那些卡片，問相同問題。在沒有任何強迫的情況下，大約只有二%的人會答錯。實驗的下一輪，阿希加入安排好的工作人員，他們都會故意選擇錯誤的答案。問他們哪一條線等長、或較長或較短時，他們都會讓一個倒楣的受試者孤零零地抱持不同看法。

你也許以爲自己會獨排眾議，大搖其頭來撥亂反正。你也許以爲你會自言自語說，「這些人怎麼這麼笨。」嗯哼，很抱歉，但研究結果說你最終會妥協。在阿希的實驗中，七十五%的研究對象至少會對其中一個問題妥協。他們盯著線看，明知其他人選錯了，還是會隨之起舞。他們不僅順從（conformity）眾議，在後來被問時，並不承認自己少數服從多數。當研究人員告訴他們選錯了，他們會找理由解釋，然後責怪自己。不跟隨眾人的想法並不會帶來任何報酬或懲罰，而聰明如你的人還是會棄甲投降，卻又不肯承認。面對巨大的社會壓力時，你選擇妥協的機會很高。

阿希更動各種實驗條件，改變暗樁與不知情的受試者的人數比例。他發現，只是一、兩個人的意見時影響有限，但三人成虎，三人以上就足以讓一小部分人開始妥協。妥協的比例和持相左意見的人數成正比。一旦整個小組的其他人都是暗樁時，只有二十五%的受試者能夠答對每個問題。

多數人，尤其是受西方文化影響的人，喜歡把自己看成會獨立思考，不跟從大眾的人。你也許就是這種人，認爲自己的獨特性很重要，認爲自己的品味獨樹一格、不會盲從。但是，問問自己這樣的叛逆性強到什麼程度。你是否住在亞利桑那州的沙漠上，用野豬獠牙做成的圓頂小屋裡，還拒喝政府提供的自來水？你是否說著和妹妹小時候發明的語言，並在二輪電影院日場的片尾時去舔陌生人的臉？其他人喝采叫好時，你是否在跺腳發出噓聲？徹底拒絕遵從文化規範及國家法律，只會覺得無力並且徒勞無功。**你可能不認同這個時代的精神，但深知妥協是人生這場戲的規則。所以極可能出**

現的情況是，你只選擇自己想要挑戰的部分，其他的事就隨他去了。到國外旅行，你觀察別人好入境隨俗。到別人家裡作客，你有樣學樣。在大學課堂上，你乖乖坐著抄筆記。剛去健身房入會或開始做一份新工作，第一件事是尋找線索看看如何才是行止得宜。你刮掉腿毛、刮掉鬍子，使用古龍水。你在妥協。

心理學家史班瑟 (Noam Shpancer) 在他的部落格裡解釋，「我們經常沒注意到自己正在順從別人。那是我們的本壘，我們的預設模式。」史班瑟表示，社會認同 (social acceptance) 深植在你的大腦，所以你會順從。爲了功成名就，你知道自己需要結盟。多一些消息來源，你對這個世界會了解得更透徹。你需要朋友，因爲社會邊緣人拿不到寶貴的資源。因此，身處在人群中，你會尋找言行規範的線索，多利用同儕提供的資訊可以做出更聰明的決定。如果身邊的每個人都告訴你有一個超好用的手機 app、或你應該讀讀某本書，你就會想去試試。如果所有朋友都警告千萬別去城裡的哪一區，或是不要買到某一個牌子的起司，你會欣然接受忠告。順從別人是一種生存機制。

最有名的順從實驗是米爾格倫 (Stanley Milgram) 在一九六三年所做的。他請實驗對象坐在一個房間裡，聽從一名穿著實驗室外套的科學家的指令。他告訴受試者，他們要考隔壁房間那個人字組測驗，如果答錯就電擊他。控制板連接著一個看起來很精密的機器，上頭清楚標示著電擊強度。有一列開關標示著逐漸變高的電壓與說明。最低那端寫著「微量電擊」，中間開關標示了「強烈電擊」，而最高那端則標示著「XXX」，暗示會有致命危險。穿著實驗室外套的科學家指示受試者按按鈕電擊隔壁房間的人。每次電擊都會從隔壁房間傳來哀號。慘叫聲之後，這個科學家會要求受試者調高電壓，哀號聲會愈來愈大，最後研究對象會聽到隔壁房間的人哀求饒命，拜託科學家停止實驗。大部分受試者都會詢問是否可以停了，不想再繼續電擊隔壁那個可憐的傢伙，但是科學家會逼他們繼續，跟他們說不用擔心。科學家會說，「你別無選擇，你必須繼續」或是「這個實驗需要你繼續做才行」。令人驚訝不已的是，六十五％的人會聽從，一路把電壓調高到接近「XXX」的邊緣。其實電擊是假的，隔壁房間的人只是裝出很痛苦的樣子。米爾格倫重複不同的實驗版本很多次，如果沒了權威角色存在，會把電壓一路調到最高的比例可能就會降爲零。如果問問題的是別人，研究對象只負責按電擊鈕，比例則可能提高到九十％之譜。我們再次看到，米爾格倫的實驗並沒有任何獎懲在裡頭，人們就是單純在順從他人。

米爾格倫揭露，**若你把自身行為看成單純地奉命行事，尤其有權威人士在發號施令，有六十五%機率你可能差一點就會犯下謀殺案。如果加上懲罰，或者有危害到自己的風險，順從的機率還會更高**。米爾格倫做此研究是想深入了解二次大戰納粹對猶太人的大屠殺。他納悶，是整個國家的道德感徹底崩盤，還是順從權威才是這種令人髮指惡行的根源。米爾格倫對他的受試者下了結論，也許也適用於其他數以百萬計的人，他們把自己視爲了工具、而不是人。當他們成了壞人的附庸，就會把個人意志擺到一旁，如此就不會沾染到罪惡。因此，想要別人乖乖聽命，就讓他們相信自己只是工具，而不是人。

遭史考特警官愚弄的速食店員工後來表示，這就是發生在他們身上的情形。史考特警官的要求起初不是很誇張，後來愈演愈烈，就像米爾格倫的電擊強度一路增大。等到讓人坐立難安的程度時，情勢已經比人強了。他們害怕不遵從會有不好的後果，等到跨越自己的道德無法寬待的界線後，便把自我縮小，角色轉爲一個執行的工具。

小心，順從的慾望既強烈又難以察覺。有時候，像是在家庭聚餐的場合，想要讓每個人都開心及遵守傳統價值是好事。它讓你不偏離規範，守規矩讓現代人比較好合作。但也要留心順從可能帶來的種種黑暗面。在有可能傷及自己和別人時，永遠別害怕去質疑權威。就連在小的事情上也是，例如下回看到一長排的人等著進教室、看電影或用餐，請打破常規別客氣，先走到門口望望裡頭，看是不是能進去了。

盲點 34

爲什麼節食時偷吃根薯條，就會又開始暴飲暴食？ ⬇ 消弱突現

✕ **誤解** 如果你停止一項壞習慣，它會慢慢消失，直到完全戒除。

○ **真相** **每次你想要立即斷絕某件事，大腦都會做最後奮力一搏，讓壞習慣敗部復活。**

你一定有過這種經驗。

認眞想要減肥，開始對卡路里斤斤計較。細讀產品的成份說明、買了一堆蔬菜水果、還到健身房報到。減肥進行得很順利，感覺很棒，好像自己贏了什麼冠軍一樣。你心想，「這還不簡單。」直到有天你受不了誘惑吃了點糖果、或一個甜甜圈、或起司漢堡。也許你買了一包薯條，點了義大利白醬鮮蝦麵。那個下午，你決定不但要想吃什麼就吃什麼，爲了慶祝這件事，你還要大啖一大盒冰淇淋。節食就在恐怖的暴飲暴

食中畫下句點。

這是怎麼搞的？怎麼會只是想吃點可以慰藉自己的食物，就一下子變身嗜吃狂？你遭遇到的狀況叫「消弱突現」(extinction burst)。

人習慣了獎賞，一旦無法再獲得時就會異常沮喪。食物當然算是一大獎賞，它讓你活得下去。大腦在演進之初，周遭的環境中食物並不充足，因此，只要有高熱量、多油脂、高鈉的食物在眼前出現，天生的本能就是要盡可能多吃，而且一而再、再而三地反覆去吃。如果把這樣的獎賞拿走，大腦可是會發飆的。

「消弱突現」是消弱必經的一環，也是制約(conditioning)的條件之一。制約這種最基本的因素，會形塑有機體（包括你在內）對這世界做出回應的方法。如果行爲獲得獎賞，就會持續這個行爲；如果受到懲罰，就會停止。時間一久，你便能夠預測到做哪一長串的行爲，最後會有哪些獎賞與懲罰。

比如說你想要吃雞塊，你知道不能彈個手指就讓它憑空出現。你必須進行一連串的行爲，學會說話、賺到錢、買到車、買到衣服、加了油、學了開車、學習怎麼用錢、知道哪裡有賣雞塊、開車到賣雞塊的店、說話、付錢買雞塊等。如果眞要深入了解你爲了把雞塊送進嘴裡而受的制約，這一長串的行爲還可以再切割成愈來愈細的步驟。光是從甲地開車到乙地便是歷經了數百個小時的駕訓，才有辦法把這些複雜的操作變成反射動作。數百萬個微行爲，每一個都是過程中的一小步，加總起來就成了你知道會得到獎賞的一件事。想想迷宮中的老鼠，學習了一長串複雜的步驟，左轉兩次、右轉一次，再左轉、右轉、左轉，然後就可以吃到起司。即使是微生物也可以受刺激而被制約，行動變得可以預期。

制約在心理學界風靡了好長一陣子。斯金納（Burrhus Frederic Skinner）在一九六〇至一九七〇年代把美國人嚇得快死了，他也成了科學界的巨星，全因爲他發明了「操作制約箱」（operant conditioning chamber）、也就是「斯金納盒」（Skinner Box）。這盒子是一個封閉空間，裡頭有控制桿、食物配給器、電動梯、燈具及揚聲器。科學家把動物放進盒子裡，藉由獎賞和懲罰來鼓勵與制止牠們的行爲。以老鼠來說，牠們被教會在綠燈亮時，按下控制桿吃到飼料丸。斯金納也示範了他可以命令鴿子繞圈圈，他只有在鴿子往對的方向轉時才給飼料。漸漸地，他開始等鴿子轉更多時才給食物，於是教會鴿子一直繞圈圈。他甚至可以讓鴿子區分 peck（啄）和 turn（轉）這兩個字，給牠們看一個字板，牠們就會照做或啄或轉的動作。沒錯，我們可以說他教會了鳥認字。

斯金納發現，用給飼料的方式，可以慢慢串起一個又一個的動作，最後讓鴿子及老鼠學會複雜的任務。比方說，如果想教松鼠滑水，你必須從很小的動作開始，然後循序漸進。其他研究人員在過程中加入懲罰，發現效果和給飼料相同，能夠鼓勵或制止行爲。於是斯金納深信制約是一切行爲的根本，理性思考則和生活扯不上任何關係。他認爲「深思」只是由制約產生的「附屬產物」(collateral product)。

部分心理學家與哲學家依舊堅信人類不過是一台精密的自動反射機器，跟蜘蛛或魚沒兩樣。你沒有行動自由、沒有自由意志。大腦是由原子與分子組成，而且必須遵從物理與化學法則，因此有人說，人類心智是服膺宇宙法則的控制。你生命中所思、所感、所做的每件事，都是「宇宙大爆炸」(Big Bang) 後自然運算而生成的結果。對心理學這個派別來說，你與一隻昆蟲無異，只是你擁有的神經系統比較複雜，可以用五花八門的繁複行爲模式來回應刺激，所以看似具有意識。你可以寬心的是，這種論點還處於激辯之中，源頭可以追溯到某些希臘哲學家，他們把潛意識想像成是在拉戰車的幾匹野馬，坐在上頭想要駕馭的是你的高階理性腦。姑且不論你是否擁有自由意志，制約確實存在，它的影響力不容小覷。

制約分成兩種，古典制約 (classical conditioning) 與操作制約 (operant conditioning)。古典制約指的是，本來無足輕重的事物成了某個回應的觸發機制。比如說你曾在沖澡時有人沖了馬桶，導致沖在你身上的水變得滾燙，那麼下次你包覆在滿身肥皂中時聽到沖馬桶的聲音，你會被制約，立刻嚇到倒退。這就是古典制約。像是沖馬桶這樣的中立事件被賦予了意義與期待。你身不由己，連「我應該躲水遠一點，以免被燙傷」

都來不及想，就躲水躲得遠遠的。如果你有過吃了愛吃、或愛喝的東西後狂吐的經驗，日後都會對它敬而遠之。它的味道、甚至只要想到都會讓你反胃。對我來說，是指龍舌蘭酒，噁，噁心死了。古典制約保你活命，你很快學會避開危險，尋找快樂，單純地如變形蟲一樣。

斯金納讓動物能夠從事複雜任務則是拜操作制約之賜。操作制約改變你的慾望。喜好透過獎賞而增強；透過懲罰而消弱。你上班，賺到薪水；打開冷氣機，不再流汗；不闖紅燈，就不會拿罰單；付房租，就不會被掃地出門。這些全都是操作制約，獎賞與懲罰。

這裡終於帶我們回到第三項條件：消弱。當我們期待獎賞或懲罰，卻什麼事都沒有都沒發生，制約回應就會開始消失。如果你停止餵貓，牠就不會再待在貓碗邊喵喵叫，行爲會消失。如果持續上班卻沒有領到薪水，最後就不會再去了。此時，就是消弱突現發生的時候，就在制約行爲即將嚥下最後一口氣之際。你不會就這樣再也不去上班，你或許會氣沖沖地衝進老闆辦公室，要求給個說法。如果張牙舞爪、大吼大叫還是沒用，你最後可能趴住他的辦公桌，被戴上手銬拖走。

就在你放棄行之有年的行爲模式之前，你會抓狂。那是大腦最古老的區塊終極的掙扎，希望能夠繼續再得到獎賞。你把鑰匙忘在公寓裡頭，把自己鎖在外頭，但室友睡死了，按鈴敲門都沒有來應門。你一直一直地按電鈴，甚至開始捶起門。電腦當機，你不會就這樣走掉，你會把全部的按鈕按鍵都壓壓看，甚至還用拳頭捶鍵盤。如果小朋友在排隊結帳時沒能買到糖果，他會胡鬧，因爲以前鬧都可以有糖果吃。這些都是消弱突現，舊有的行爲瞬間增強了，這是來自心理休息區的請求。

那麼再講回節食，你減少命中注定的獎賞：美味好吃的高熱量食物。就在你準備要永遠棄絕時，消弱突現誓言要摧毀你的意志力。你變回一個歇斯底里的兩歲小孩，然而就跟孩子似的，如果向需求低頭，這個行爲就會被強化。暴食症代表心智抓狂了，再也壓抑不住的嗜食慾大爆發。

要戒除暴飲暴食、煙癮，沉溺於賭博、《魔獸世界》、或任何因制約而來的壞習慣，你必須準備好迎戰消弱突現這個潛意識的祕密武器。做自己的超級奶媽、自己的王牌馴獸師，尋找其他替代的獎賞及優質的獎勵。設定目標，一旦達成，用你選好的獎品大方賞賜自己。發現沒有想像中容易時，也不用驚慌。習慣之所以形成，是因爲你沒有那麼聰明，正因爲如此，所以你才有機會戒掉。

盲點 35

太小聲囉，你們可以喊得更大聲！⇩社會性怠懈

誤解 有更多人加入你一起工作，你會更努力，而且能完成更多的事。

真相 一旦變成小組一員，你的付出會變少，因為知道你的成果會和別人的混在一起。

想要完成一件大事，需要投注許多時間與心力的事，像是創業或是製作短片，直覺可能會告訴你，請得起愈多的人，工作可以做得愈好，也可以愈快達成目標。然而眞相是，如果有其他人加入一同爲一個目標努力，每個人都會比自己獨力作業時懶散。如果知道工作不會被個別評價，直覺就會要你低調別出頭。

爲了證明這個現象，心理學家英格漢姆 (Alan Ingham) 做了一個實驗，可以說是把拔河比賽給毀了。一九七四年，他矇起受試者的眼睛，請他們抓著一條繩子。繩子另一端接著一個外型老舊的玩意，用來模擬對手的抗衡力道。受試者被告知還有許多人

也和他在同一隊上拔河，會測量大夥一起的力道。下一輪，他則告訴受試者是獨自一人在拔河，然後再度測量力道。實際上，他們兩輪都是自己獨自在拔河，但是當他們以爲是和一群人一道時，平均出力少了十八％。

這個版本的「社會性怠懈」(social loafing) 有時候又稱爲「林格曼效應」(Ringelmann effect)。是法國工程師林格曼 (Maximilien Ringelmann) 在一九一三年時發現，他請一群人一起用力拉著應變規 (strain gauge)，一群人合起來的力道會低於他們個別在同一個機器上測得力道的加總。英格漢姆及林格曼的研究讓心理學界了解到「社會性怠懈」現象，**對同一個專案而言，你處於小組之中所付出的努力會比獨自作業時來得少**。

演唱會的巨星要歌迷一起大聲盡情吶喊，然後他像這樣要求，「我聽不見喔！你們可以喊得更大聲！」你有沒有發現第二回的叫聲眞的都會更響亮？爲什麼每個人不是第一次就死命地大吼呢？有些科學家很可愛，一九七九年眞的做了這項實驗。俄亥俄州立大學的拉丹 (Bibb Latane)、威廉斯 (Kipling Williams) 及哈金斯 (Stephen Harkins) 要受試者盡可能大聲吶喊，先是在群體中、然後獨自一人，有時則反過來。當然，在小群體裡發出的聲音也比獨自發出的聲音小。你甚至可以把它畫成圖表，當群體成員增加時，成員付出的努力就減少，圖表的曲線會像一個完美的滑雪坡。你一直都是這麼做，但並非有心，當然，對嘴唱大夥一起在唱的歌那種濫竽充數不能算。這些實驗的條件就是不能讓受試者知道眞實狀況，只要認爲身處在群體之中，潛意識就會要你偷點懶。沒人意識到，沒人會承認。

這種行爲容易出現在手邊的任務很簡單時。複雜的任務通常比較容易看出誰沒有火力全開。一旦知道怠惰會被察覺，你就會比較努力，這是另一種叫「評鑑察覺」(evaluation apprehension) 的影響使然，評鑑察覺說起來比較好聽，其實是在說「當你知道自己會被單獨檢視時，就會比較在乎」。知道自己的付出會和別人的混在一起，會比較不焦慮。你會放鬆，會隨意地進行。

研究體育的科學家多年來一直不斷提醒教練要小心這個現象，如今許多大型球隊都會給予球員個別評分，甚至使用數個攝影機作個別攝影，以免他們淪爲「社會性怠懈」的犧牲品。在需要群策群力的各種情境中都觀察得到這個現象，共有的農場產量老比私人農場低；在做著重複性工作的工廠中，沒人監管的話，工人的生產力也總是低於必須達到規定的生產額度的工人。

小心哪，如今大部分的組織都知道「社會性怠懈」的存在，管理階層可能有請個心理分析師要把你揪出來。特別是在別人的公司上班時，他們很可能會用些方法監督你的產出，也會大方讓你知道這點，這樣你才會更努力工作。他們知道需要團隊共同努力的時候，你沒有那麼聰明！

盲點 36 他一定知道我在說謊。⬇ 被洞悉錯覺

× 誤解 如果你情緒激動，別人光用看的，就可以得知你的想法和感覺。

○ 真相 你的主觀感受旁人是看不出來的，你高估了自己的想法與情緒被知悉的程度。

演說課的課堂上，你站在全班面前，小抄擺在講桌上，胃不停翻攪。剛才坐著一路在聽其他同學的演說時，腳都在不安地點著地板，就像是要把緊張的感覺不斷灌到地磚下面去，不時還把滿手的汗往褲子上頭抹。每回有個同學講完，全班鼓掌時，你也會跟著別人拍手，掌聲過去，又恢復靜默時，你感覺自己的心跳聲大到可以聽見。終於，老師喊了你的名字，你的眼睛猛然張開，喉嚨好像剛剛吞下一大口木屑那樣乾澀，你站起來走向黑板，小心翼翼地踏出每一步，深怕一個不小心會踉蹌跌倒。你開

始唸出預演過好幾回的講稿內容，注意著同學們的表情。

「他在笑什麼？她爲何在筆記上塗鴉？那是在皺眉嗎？」

「喔，慘了！」你心想，「他們一定都看得出我有多緊張。」

我看起來肯定像個白癡。我是不是講得太爛？好慘，快來顆隕石撞毀這間教室吧，這樣我就不用再多講出任何一個字。

「抱歉，」你對觀眾說，「我再重講一次。」

現在更糗了。哪個低能兒會在演講中途道歉啊？你的聲音在發抖，頸子後頭堆滿汗水，想也知道現在的臉一定紅透了，每個人都在忍著不笑而已。然而你搞錯了，他們沒在偷笑，只是覺得無聊。你的不安指數破表，覺得情緒的力道會從頭部發射出去，就像土星光環那樣明顯，事實上從外表來看，觀眾除了你的表情與臉紅之外，什麼也看不到。要把資訊從一個人的腦袋搬到另一顆腦袋，必須透過某種溝通管道，諸如表情、聲音、手勢及像你現在正在閱讀的文字，我們得仰賴這些麻煩的工具，因爲**無論情緒多麼強烈、或想法多麼驚天動地，對你內心天地之外的世界而言，都不會同等強烈及深刻，這就是「被洞悉錯覺」**(illusion of transparency)。

你知道自己的感受和想法，覺得它們像是會經由你的毛細孔散發出去，讓外在世界看得到、感受得到。你高估了自己眞實想法的能見度，沒能想到其他所有的人也同樣活在自己的小小世界中，他們也一樣會誤以爲自己的內心世界很容易被看穿，就跟你的想法沒兩樣。你如果想了解別人在想什麼，就只能從自己的腦袋瓜開始想，而在你的內心深處，會覺得自己的想法和感覺幾乎是透明的。如果別人很認眞地在觀察你，當然可以把你正確解讀到某種地步，但你過份高估了這個程度。

你可以利用紐頓 (Elizabeth Newton) 發明的方法來測試「被洞悉錯覺」。

隨便選一首大家耳熟能詳的歌，像是國歌這種，然後請別人坐到你對面。用手指敲出這首歌的旋律，在敲一、兩小段之後，問他能不能猜出是哪一首歌。你在心裡可以清楚聽見每個音符、每個樂器。但在他們心裡，只能聽到你的手指在敲出聲音。先放下這本書去試試看，我會等你。

好，假設你有做了這個實驗。試的結果如何？他們猜到你敲哪一首歌嗎？多半沒辦法。在紐頓的研究中，敲歌的人以爲聽的人可以猜出歌曲的比例是五十％，事實上猜對的次數大約只有三％。

你認爲別人應該會了解的和他們實際上眞正了解的，有極大的落差，所以常會在寫簡訊和電子郵件時造成各種誤會。如果你也跟我一樣，就會得經常要補充說明或重新闡述自己的理由，得解釋自己的語氣並不帶惡意，或是得通篇改寫後再重寄一次。

在網際網路上，大家通常會在文末加上 /s 代表在挖苦 (sarcasm)，在網路上要傳遞語氣很難，所以我們不得不創造新的標點符號。要把一個人腦袋裡的想法傳遞給另一個人誠非易事，而且訊息在過程中可能會失眞一大半。讓你拍案叫絕的高見在從你嘴巴或指尖傳遞出去時，別人的感受不會同樣強烈。

一九九八年，吉洛維奇 (Thomas Gilovich)、麥維琪 (Victoria Medvec) 及沙維斯基 (Kenneth Savitsky) 發表了他們對「被洞悉錯覺」的研究。他們推論，你的主觀感受，也就是你心理所構築的現象，因爲對你而言很強烈，所以你在情緒激動的時候很難客觀。他們的假設是奠基於「焦點效應」，焦點效應是說，你認爲每個人都在留意和評論著你的舉動和外表，然而實際上你大多數時候都像是背景一樣看不見，沒人會察覺。吉洛維奇、麥維琪及沙維斯基認爲，這效應因爲太強了，你覺得那顆幻想出來的聚光燈會照穿你的手勢、言語、表情，讓你的內心世界赤裸裸地公諸於世。他們把康乃爾大學的學生分成幾組，有一群觀眾會聽學生唸出索引卡上的問題，然後大聲回答問題。學生會依照卡片上只有自己能看到的標籤，隨之說謊或說實話，觀眾則被告知會依他們逮到說謊者的人數來得到獎賞。學生要說的謊會像是，「我有見過 A 咖主持人大衛．雷特曼 (David Letterman) 本人」。觀眾要從五個學生中抓到扯謊的人，學生也必須猜有多少人能看出他們是在說謊。結果呢？半數說謊的學生認爲自己已經被抓包，但實際上只有四分之一，他們大幅高估了自己被看穿的機率。在後續的實驗中，各種變數做了調整，說謊的方式也都不同，但是結果幾乎一模一樣。

一九八〇年代有幾份研究顯示，你自以爲很會看穿別人有沒有在說謊，但實際上都會猜錯。但另一方面，你又覺得自己說謊很容易就會被逮到。吉洛維奇、麥維琪及沙維斯基繼續做下一個實驗。他們請學生坐到攝影機前，面前擺了十五個排成一長排的杯子，裡頭裝著紅色液體，因爲其中五杯的味道令人作嘔，他們要求學生喝飲料時不能有表情。他們隨後請來十個人看這段影片，並要喝到噁心飲料的學生預估有多少人可以看出他方才喝的是難喝的飲料。結果有三分之一的人可以看出來，至少他們認爲自己可以看出來，也眞的猜對了。喝怪味飲料的學生則是預測會有一半的人可以看出他們在努力不要吐出來。「被洞悉錯覺」讓他們高估了別人的觀察力。

爲了想再進一步了解，參考了米勒 (Miller) 與麥克法爾蘭 (McFarland) 的「旁觀者效應」研究後，心理學家繼續進行實驗。結果顯示，實驗對象處在焦慮和恐慌的情緒時，認爲他們的感覺會全寫在臉上，但事實並非如此，所以沒有旁人會伸出援手。相反的，若是別人驚慌失措，人們都自認能夠看得出來。二〇〇三年，沙維斯基及吉洛維奇著手一項研究，看看能否避開「被洞悉錯覺」的影響。他們請研究對象即席演講，然後評估自己在觀眾眼中看起來的緊張程度。不令人意外，他們覺得自己看起來慘不忍睹，但是觀眾並沒有看出來。在這個實驗裡，有些人卡進了反饋迴圈 (feedback loop)，因爲認爲自己看起來很緊張，所以開始想做些什麼來挽救，接著又覺得別人會注意到他想挽救，所以趕緊掩飾，然後又覺得欲蓋彌彰，如此不斷惡性循環下去，終於讓大家都看到他潰不成軍了。研究人員決定再做一次實驗，但會讓一部分的研究對象了解有「被洞悉錯覺」現象的存在，並告訴他們雖然覺得別人看得出來他很緊張，但事實上不會這樣。於是這一回，反饋迴圈被打斷了。認識「被洞悉錯覺」現象的受試者壓力變小了、演講表現得比較好，觀眾也覺得他們比較沉穩。

情緒很激動、陷在自己的內在世界裡時，評估別人觀感的能力會變差，這時要透過別人的眼睛來看自己，自然會撞牆。懂得這一點，就可以預防並治療它。

靠近迷戀的白馬王子緊張到胃痛，心裡頭小鹿亂撞，別擔心，你的緊張從外表看來並沒有那麼明顯。站上台，或是在攝影鏡頭前受訪，腦中焦慮大作宛如狂風暴雨，但這陣風吹不出你的腦袋，你看起來遠比你想的要沉穩很多，所以笑一個吧。就算丈母娘煮了一頓難吃到想拿去餵狗的晚餐，她也聽不到你的大腦正在哀求你：吐掉，吐掉。

如果要溝通的事情很複雜，或是你的專業浩瀚無邊，別人卻連入門都沒有，想要把這些知識傳輸到他們的大腦本來就不簡單。解說的過程可能很令人挫折，但別生他們的氣，不了解你的心思不代表他們笨。就算你生氣、焦躁或驚慌，也不會突然學會用心電感應來傳輸知識，就平心靜氣地娓娓道來吧。

盲點 37

慘敗後，就算看見新的出路，也不再嘗試。習得的無助

誤解 如果你處於一個惡劣的環境，你會想方設法逃離。

真相 如果覺得無法掌握自己的命運，你會投降，是什麼處境就接受什麼處境。

一九六五年，心理學家塞利格曼（Martin Seligman）開始電擊狗。

他把心理學大師巴夫諾夫（Ivan Pavlov）的研究加以延伸，巴夫諾夫讓狗在聽到鈴聲時就不由地流口水。塞利格曼想試相反的作法，按鈴時給的不是食物，而是施以電擊。為了避免狗在實驗過程中跑走，他用狗鏈鏈住牠們。在制約形成後，他把狗放進一個大箱子內，只用幾根柵欄隔成兩半。他猜想如果狗觸響鈴聲時，應該會躍過柵欄逃走，結果沒有。牠只是坐在原處，用前腳撐著身體。研究人員於是在按鈴後電擊牠，狗還

是坐在那裡，忍受電擊。他們後來把從未受過電擊或是曾脫逃成功的狗放進箱子，再施以電擊，結果牠們都從柵欄跳走了。

你就和這些狗沒兩樣。

在你的一生中，如果經歷過慘敗、被家暴過、或曾感受到無力回天，就會漸漸說服自己說無路可逃，就算哪天一條明路就在眼前出現，你也不會採取任何行動。你抱持虛無主義，認爲一切都會徒勞無功，哪還能樂觀得起來。

針對臨床診斷爲憂鬱症患者的研究顯示，他們經常失敗了就認輸，不再嘗試。一般人期中考考不好，會怪東怪西，會說教授是渾蛋、因爲沒睡飽。憂鬱症患者則通常會責怪自己，認定是自己笨。塞利格曼稱此爲解釋型態 (explanatory style)。你可以從三個梯度看待影響自己人生的事件：個人的、永久的及全面的。責怪自己或責怪自己無法控制的力量，感覺會比較糟（個人的）；認爲不會有轉機，沮喪的程度會大過認爲明天會更好（永久的）；認爲這個問題會影響你的每一個層面，而非只是一個環節，你會覺得更糟糕（全面的）。每個梯度的一個端點是悲觀，另一個端點是樂觀，你的解釋型態愈悲觀，就愈容易陷入「習得的無助」(learned helplessness)。

你會去投票嗎？

如果不去投，是因爲覺得投不投都沒差，反正日子也不會比較好過？還是兩黨的政治人物都不是好東西？還是覺得數百萬張選票中，少你一張也不會怎樣？沒錯，這就叫「習得的無助」。

受家暴的婦女、被綁票過的人、受虐兒、或被關很久的囚犯不會想跑，不逃是認爲已經學會什麼叫徒勞無功。這會有什麼影響？幸運從惡劣情境逃離的人通常不敢去做可能會失敗的事。沉浸在負面情緒裡的時間一長，你會臣服於絕望的感覺，開始認命。如果很長的時間都落單，你會認爲生命本該孤獨，不再抓住和別人交往的機會。任何你覺得無法掌控的情況都可能演變到這種境地。

在塞利格曼的另一項研究中，他把癌細胞植入老鼠身上，讓牠們長出惡性腫瘤。然後他對這些老鼠定期施以電擊，但是有一部分老鼠能夠按下操控桿逃脫。另外有一組老鼠則都沒被電擊。一個月後，可以逃脫的老鼠中有六十三％腫瘤逐漸消失；對照之下，未被電擊的老鼠有五十四％腫瘤快沒了；逃不掉電擊的老鼠則只有二十三％活下來。被關在無路可逃的環境裡，罹癌的老鼠會死得更快。

一份由藍格 (Ellen Langer) 和羅丁 (Judith Rodin) 在一九七六年做的研究顯示，養老院如果要院民守很多規矩、無所事事，又被照顧得無微不至的話，那麼老人家的健康會亮紅燈，也會變得很不快樂。倘使不要這樣，讓老人家擔負些責任，也可以決定一些自己的事，就會比較健康，比較有活力。這項研究也在監獄裡做過，不令人意外的是，只要讓囚犯可以換換擺傢俱的方式，可以選擇要看的電視節目，就比較不會生病或想暴動。在遊民之家，如果遊民無法挑自己想睡的床，不能選擇自己想吃的食物，就比較不會想去找份工作，或是去找間公寓住。如果能夠完成簡單的任務，便不會覺得困難任務難如登天。但是如果連小事都做不來，每件事看起來都會像不可能的任務。

賓州州立大學伊利分校 (Penn State Erie) 的心理學家尼克森 (Charisse Nixon)，透過字母重組遊戲教學生認識「習得的無助」是如何形成的。她要學生重組單字中的字母順序來拼出另一個字。她請班上同學把單字重新組合，一個字做完再做一個字，給了下列這三個字：whirl（旋轉）、slapstick（通俗鬧劇）、cinerama（商標名）。你也試試，但一定要先完成一個字再進行下一個。如果你是在尼克森的班上，在你正忙著重組第一個字時，她會請已經完成第一個字的學生舉起手，然後你抬頭一望，會看到過半數的人都已經準備好可以進行下一個字了。這時尼克森就請大夥開始進行下一個字，又是同樣的情況，除了你和少數幾個人之外，其他每個人都舉了手。接著來到第三個字，她又問了同樣的話，同樣地有半數學生很快地舉了手，剩下的人則是坐在那目瞪口呆。這個隨堂實驗的陷阱在於，半數學生雖然拿到上述三個英文字，但另一半學生拿的卻是：bat（棒球棍）、lemon（檸檬）、cinerama。Bat 很容易重組成 tab、lemon 要組成 melon 也不難。因此，這半班拿到簡單字組的學生要重組 cinerama 這個字時，不用太費勁就可以拼出 American。如果你的反應和多數人一樣，看到那麼多手在揮，而你還望著 whirl 絞盡腦汁，想著這些字母可以拼成哪個字，你會覺得很不舒服、也會懷疑自己笨。「如果眞的有那麼簡單，那我是怎麼了?」輪到 slapstick 這個字時，眼看半數同學都已順利找到重拼的方法，你覺得自己更豬頭了。現在，「習得的無助」已經火力全開，你看到 cinerama 這個字時的角度和簡單字組那些信心滿載的人完全不同。即使這題應該不算太難，「習得的無助」告訴你算了吧。在尼克森的班上，這就是常見的結果。拿到部分單字無法重組的半班學生，在還沒進行到第三個字前就已經不想試了。

解釋這種怪異行爲如何演化而來的頭號理論是，「這源自所有生物想要保留資源的慾望」。如果你無法擺脫造成壓力的來源，就會形成更多的壓力，這種正向反饋迴圈最終會使一切停擺。最極端的狀況是，你會覺得如果繼續掙扎反抗，就是耗竭而死；如果停止掙扎，壞事也許還有一絲機會走開。

工作、政府、癮頭、沮喪、錢財，每天都會有些攸關命運的事讓你覺得無法控制。因此，你進行小小的造反，下載專屬的來電答鈴、油漆自己的房間、蒐集喜歡的郵票。你在想辦法作選擇。

有權選擇，即使是很小的事，也可以和快要壓垮人的無力感稍稍抗衡一下，但是不要這樣就滿足了，你必須反擊，就算敗也要敗得光榮。失敗爲成功之母，如果你想要這一生有所成就的話只有常常失敗才能辦到。除了人一定會死之外，沒有逃不開的命運。

你沒有那麼聰明，但是你鐵定比狗跟老鼠聰明，還不到放棄的時候哪！

盲點 38

捧杯熱咖啡，人情眞的很溫暖！➡具體化認知

誤解　你對人事物的觀點是依據客觀評估而產生的。

真相　你把有形的世界轉譯為文字，然後一股腦兒陷進文字的魔障裡。

想像一下這個景象。

你踏進家門時拍掉肩頭上積的雪，爐火在房間角落裡劈里啪啦地響。你套件毛衣，雙手捧著一杯冒煙的蘋果茶取暖，對著壁爐，在一張舒適的椅子上坐下來。聽起來很舒服吧？

雖然聽起來很奇怪，但人類其實是透過比喻來思考，像是「溫暖」與「寒冷」、「快」與「慢」、「明」與「暗」、「硬」與「軟」，這些字眼都可以代表兩種意義，「冷

冰冰」可以是指身體的感覺或是心境、態度或風格。「陰暗」可以形容色度或是歌曲聽起來的感覺。「很硬」可以是一種談判風格或是往後靠時椅背給你的感覺。

第一段描述的情境很溫暖，指的是身體上感到的溫暖，然而，你在這個場景中的感受和認知都被轉譯成情感上的溫暖。溫暖的知覺讓你開始聯想到一些字眼，當中包含了「暖意」，這些聯想也引導你做出符合「暖意」這種意涵的行爲。

二〇〇八年，威廉斯 (Lawrence Williams) 及巴奇 (John Bargh) 做了一項研究，要實驗對象和陌生人碰面，一組人手握熱咖啡，另一組人則是拿著冰咖啡。後來，要他們描述陌生人的性格，熱咖啡小組覺得對方人很好、慷慨又體貼。同樣的陌生人在另一組人看來則是不好相處、態度冷淡又很難聊。在另一輪的研究中，研究對象手握暖墊或冰袋，然後看不同產品並爲它們的品質打分數。完成後，實驗人員告訴他們可以挑選一份參加禮，但可以選擇自己留著或當場送給別人。握暖墊的人有五十四%都把禮物轉贈出去，但是握冰袋的人只有二十五%這麼做。**這些人都把身體感覺化成了文字，然後用這些文字作為形容詞，用來描述對陌生人的感受，或是左右自己的行為。**

有很多研究都證明了這種現象的存在。你會認爲穿著明快 (bright) 的人比較明快 (bright)。你會認爲說話慢 (slow) 的人比較反應慢 (slow)。無論你的文化使用哪些比喻，都會改變你對周遭世界的感受，你會把這些感受和文字對齊。這種現象也很強烈地表現在觸覺上，**你摸東西的感覺會轉化成心裡對這樣東西的感覺**。

在二〇一〇年由阿克曼 (Josh Ackerman)、諾切拉 (Christopher C. Nocera) 及他們的同仁所做的研究中，研究對象必須假裝在對應徵者面試。如果應徵者的履歷是夾在厚重的筆記板上，受試者會比較認眞地進行面試，對這份履歷的印象也會比較佳。若履歷是夾在薄薄的筆記板上，應徵者通常會被認爲條件比較差。身體感受到的份量和厚薄不僅轉變成這份面試工作的份量和輕重，也改變了讀到的履歷在心中的份量。在他們進行的另一項研究中，假裝要買車的人如果坐在硬椅背的椅子上，比較會討價還價，希望砍個好價錢買到車，坐在柔軟椅子上的人就不會這麼愛講價。椅子硬，殺價的態度也跟著強硬了起來。

另外有個實驗，如果研究對象坐在空調過冷的房間裡觀看棋賽影片，他們稍後描述這段影片時會比較實事求是，看到什麼就說什麼；但如果是坐在溫暖的房間裡，描述就會比較帶感情，還順便加油添醋。下次看電影時，留心一下電影大導有多麼擅於把文字灌到你心裡，如此，你就會按著他們的期望來感受片中人物的情緒。鏡頭拍歪的，你是不是覺得劇中人的處境不太平順？房間裡冷冷清清、空空盪盪的，劇中人看來是不是孤立又寂寞？

環境的狀態引導你用特定的角度看世界，而且，要改變你的看法也眞的很容易，只要調整一下溫度、物件的軟硬度就可以做到。觸感也很重要，觸摸東西的感受會在腦中引發接二連三的聯想，而你讀進去的文字，也會改變你的念頭。你得小心一點，廣告主及零售商早已深諳此道。神經行銷學（neuromarketing）領域的學者很積極在進行「具體化認知」（embodied cognition）的相關研究，而且早在巴奇的研究在網路上流傳之前，就在到處宣傳它的潛力無窮。當你看到商品的形狀與觸感是刻意設計來引發連鎖反應的念頭與感覺，或許始作俑者就是這項研究。

下次去看病，醫生把冷冰冰的聽診器擱在你胸口，如果你覺得他看起來不太好相處，請記得你沒有那麼聰明。同樣地，下回有人邀你出去喝咖啡，請記得，手上那杯熱咖啡就足以讓你更喜歡他的笑臉。

盲點39 談判要先獅子大開口。→錨定效應

誤解 你會理性分析各種條件再做出選擇或評斷出價值。

真相 你最初的認知會在心裡縈繞不去，影響到後續的想法與決定。

你走進一家服飾店，看到一件或許是你這輩子看過最酷的皮外套。你試穿，看著鏡中的自己，覺得非買不可。如果穿上它，你可以想像每次走進一個地方或走在街上，旁人都會手握胸口發出驚歎。你翻起袖口瞄了一下價錢，三萬塊！

「吼，算了吧！」你心裡想。就在你想把外套掛回展示架時，店員叫住了你。

「你喜歡這件外套嗎？」

「喜歡，但是太貴了。」

「不會貴，那件外套現在特價，只要一萬二。」

那還是很貴，你也沒有欠衣服，但是便宜了一萬八，還能讓酷帥指數用二位數增長，不買實在對不起自己。你拿出信用卡爽快地刷下去，卻渾然不覺自己已被最古老的零售技倆摸頭了。

我還眞的賣過皮外套，賺獎金靠的方法就是「錨定效應」(anchoring effect)。我每天都會覺得，顧客一定會猜到我服務的這家店故意把定價抬到鬼才相信地高，然而屢試不爽地，每次顧客一聽到有特價，臉上就會泛起笑意，開始和自己優秀的判斷力拔河。

你預期會付出的價格，數字是打哪來的？

先回答這個問題：烏茲別克斯坦(Uzbekistan)的人口比一千二百萬多還是少？

就隨便猜一下吧。

再來另一個問題：有多少人住在烏茲別克斯坦？

猜個數字，先記住一下。我們幾個段落後再回頭來討論。

一九七四年，特沃斯基(Amos Tversky)及卡納曼(Daniel Kahneman)進行了一項研究。他們請研究對象估計有多少非洲國家加入聯合國，但是實驗一開始他們先轉幸運輪盤。輪盤上標著從0至100的數字，但是指針被動過手腳，所以只會指到10或65。當指針停止轉動，他們問受試者加入聯合國的非洲國家比例會高於還是低於輪盤上現在的數字，接著要他們估計實際的比例爲何。研究人員發現，如果前半場的實驗中指針停在 10，實驗對象會猜測大約有二十五%的非洲國家加入聯合國；指針停在 65 的話，他們會猜測比例大約是四十五%。

參與者都被「錨定效應」鎖在某個範圍內了。

這個實驗眞正有趣的地方是，沒有人眞的知道答案是什麼，他們必須靠猜的，但感覺起來又不完全是在亂猜。**他們知道輪盤上的數字是隨機產生，但還是用那個數字作基礎來猜**。

回到烏茲別克斯坦那題。中亞各國的人口大概不會是你有背下來的數字，所以你需要一點線索，一個可以參考的點。你搜尋腦袋中和烏茲別克斯坦相關的知識，找到了地形、語言、和《芭樂特》這部電影 (*Borat*)[4]，但怎麼就是沒有人口數資料的蹤影。你的腦袋中有的是我給的數字：一千二百萬，我一開頭就告訴你了。毫無頭緒的時候，你會念念不忘手邊的現有資訊。

烏茲別克斯坦的人口大約是二千八百萬。你的答案差了多少？如果你和大多數人一樣，猜的數字會少得多，大概會猜略高於一千二百萬，但會比二千八百萬少很多。

你每天都依賴「錨定效應」來預測事情的結果，估計某件事會占用多少時間，或某樣東西得要花多少錢。當你要從一堆選項中做出選擇或是要估價，你需要從一個基準點開始。有線電視的租金、每個月的電費帳單、這個社區的租金行情，各是多少才合理、才划算？你需要先錨定才好作比較，如果有人想要把東西賣給你，他會非常樂意送給你一個錨。問題來了，即使你知道這點，還是會受這個錨的影響。

買車時，你知道價格不會完全透明。車商可以接受同時還可獲利的底價，肯定會遠低於立牌上貼出來的價格，然而這個價格還是會像錨一樣鎖定你的出價。把車子上下仔細打量一番時，你不會去算這家公司有多少個廠房、養了多少員工；你不會去鑽研工程設計圖或是找財務報表來看；你不會去考量鐵價、或這家車廠為了安全測試所砸下的昂貴投資。你願意支付的價格和這些因素都不會扯上關係，它們和這個展售間的距離實在太遙遠，簡直像烏茲別克斯坦的人口一樣。即使你上網做了一番功課，還是無法確切知道車子該值多少，經銷商付了多少進貨成本。**於是焦點變成是車廠給的建議售價，無論貴到多不像話，你還是不得不被它牽著鼻子走，想討價還價也得從這個數字開始。**

「錨定效應」也可能會悄悄地發生。普雷勒克 (Drazen Prelec) 及艾瑞里 (Dan Ariely) 在二〇〇六年於麻省理工學院做了一項實驗。他們請學生在一場古怪的拍賣會上競標東西。研究人員會舉起一瓶酒、教科書、或無線滑鼠，然後鉅細靡遺地描述它們的優點。然後每位學生必須寫下自己社會安全號碼的末兩碼作為該物品的定價。如果末兩碼是 11，那瓶酒的價格就是十一美元；末兩碼是 88，無線滑鼠的價格就是八十八美元。寫完這些假的定價之後，他們開始競標。可以很確定的是，「錨定效應」擾亂了他們估價的能力。社會安全號碼末兩碼大的人比起末兩碼小的人，所多付的價格竟然高達三百四十六%。社會安全號碼末兩碼介於 80 到 99 之間的人平均支付二十六美元購買滑鼠；末兩碼在 00 至 19 之間的人平均只支付九美元。**數字的來源和物品價值根本沾不上邊，可見任何數字都能成為用來錨定的數字**。

實驗人員繼續進行了另一項研究，他們請研究對象靠聽刺耳的噪音來賺錢。實驗人員先請他們聽了一陣嘈雜的高分貝電音，再分別給九十分或十分美元，接著問研究對象，最少得付多少錢，他們才會願意被同樣的噪音轟炸一次。剛開始拿到十分美元的人說要三十三分美元才肯再聽一次；拿到九十分美元的人卻要求七十三分美元才願意。

研究人員用其他方式重複做這項實驗，不論更動的變數是聲音還是支付金額，一開始報酬拿的比較低的人和習慣高報酬的人相比，總是會願意接受較低的金額。一開始就賺了比較多錢的人，之後就不會再願意接受比較低的報酬了。

如果你換了更好的車、更大的房子、更先進的電腦、或更貴的智慧型手機，你會被錨定很難再吃回頭草，就算有時候你其實應該這麼做。買名牌包的人知道自己多花錢，應該多少心裡有數啦，但是「錨定效應」還是把手伸進銀行戶頭裡。兩萬四的ＬＶ長皮夾眞的比在平價商場買的七百五十元皮夾好用嗎？當然不，就算ＬＶ是由如假包換的魔法精靈用長頸鹿皮一針一線手工縫製出來的，也不過就是個皮夾。但是錨已經下了，ＬＶ包包很貴，其中蘊含著社會價值，消費者還是會買，而且還買得很開心。但如果平價商場也妄想要賣要價兩萬四的皮夾，應該永遠出不了店門口。因爲這價格已經偏離平價商場定下的錨太遠了，會讓人感覺太吃虧。

如同多數的心理效應，錨定也可以用來誘使人們做善事。最好的例子得說是文森 (Vincent)、路易斯 (Lewis)、卡坦藍 (Catalan)、惠勒 (Wheeler) 等人在一九七五年所做的研究，他們問一群學生是否願意擔任營隊的志工輔導員，每週兩小時、爲期兩年，他們全都斷然拒絕。研究人員接著問是否有人志願帶一趟兩小時的郊遊，半數學生說好。如果沒有先被要求提供「爲期兩年」的服務，只會有十七％人願意。

如果你需要與人談判，請謹記這個效應，你一開始的要求就要獅子大開口。你勢必要有個起點，而你一開始的提案或數字會大幅影響後續的選擇，雖然不斷流瀉下去，但都會被栓在剛開始所拋下的錨上。你每天所做的無數選擇只不過是重演過往的抉擇，像是滿載一車選擇的馬車在泥巴路上留下重疊的軌跡，你會順著自己以往走過的路來走。外部的錨，像是折扣前的天價或是離譜的要求，那些顯而易見，很容易躲避；然而，自己做出來的錨就沒有那麼容易擺脫。每天造訪相同的網站、吃基本的那幾樣早餐。到了要添購貓食，或是帶愛車進廠維修，你都有自己的固定路線。選舉季一到，你大概早已知道誰可以誰不能拿到你這張票。這些選擇都很好猜到，問問自己是受何驅使，是否是以前拋下的錨還在控制著今天的決定？

把銀子花出去時，記得，準備要收錢的那個人覺得你沒有那麼聰明，他在洗腦說你買這個其實是在省錢時，在使的正是錨定效應這一招。

4 美國喜劇電影，二〇〇六年上映，以偽紀錄片的形式講述哈薩克記者芭樂特在美國的旅行故事，哈薩克是和烏茲別克斯坦相鄰的國家。

盲點 40

爲什麼她換了髮型我沒看出來？⬇專注力

× 誤解

你看得見所有眼前發生的事，像攝影機一樣把所有資訊照單全收。

○ 真相

在放眼望去的所有資訊裡，你只能擷取其中一小部分，會意識到、記得住的又更少。

想想上一回你在人擠人的派對或是夜店裡和別人談話的情景。角落有個傢伙在跳滑步、那個女孩搖著臂在跳熱舞、低俗的電音舞曲傳出一波波律動，可是一旦你想專注去聽清楚和你聊天的人的聲音，一邊在腦海中勾勒他在描述的愛爾蘭之旅，方才這些景象全都隱身成看不太到的背景。屋內跟剛才同樣吵，但你的腦中卻起了變化。若你把專注力放在一件事情上，其餘的東西都會變成失焦的周遭景物，變得模糊。

在像《關鍵報告》(*Minority Report*) 及《二十一世紀的前一天》(*Strange Days*) 這類的科幻電影裡，人的記憶被描繪成有如短片的形式，好像可以播放出來給別人看。好像攝影鏡頭怎麼捕捉，記憶就會怎麼播放，但你在現實生活中看見及記憶影像並不是用這種方式。工作、走在城市街頭、看電視時，你經常會自動把耳朵關起來，把不感興趣的聲音關小音量，但在視覺上這麼做時，比較不易察覺。當你在吵雜的背景中聚精會神想要挑某個聲音來聽，其他聲音不僅是音量被調小，甚至多半在你的心裡船過水無痕。以聲音來說，你很容易理解這一點，但事實上，眼球在處理所看見的資料時也是同樣的情況。你每一刻在專注的東西，一點一滴串起你的現實感，其餘的東西不是看不見、就是模糊掉了。

你不僅只讓想看的東西進入眼簾，隨著時間過去，你會對熟悉的環境習以爲常，習慣到裡頭所有的東西彷彿融成一個背景。該死的鑰匙跑哪去了？剛才不是就擺在這裡嗎？天啊，就快遲到了，怎麼會在自己家裡丟掉鑰匙？我打賭你也一定掉過錢包、皮夾、電話之類的東西，後來竟發現它其實一直都在你面前。你翻遍了自己全部的家當，一邊納悶自己的智商會何會減少三十。

心理學家稱這種看不到東西就在眼前的現象爲「不注意視盲」(inattentional blindness)。你很有自信不會漏看掉眼前的事物，以爲記憶就像是用攝影機一樣，如實拍下眼睛捕捉到的影像。然而眞相是，你無論何時都只看得見周遭環境的一小部分。專注力 (attention) 像盞聚光燈，唯有照亮的地方能被你看見。

心理學家西蒙 (Daniel Simons) 及夏布里斯 (Christopher Chabris) 在一九九九年證實了這個盲點的存在。他們把學生分成兩隊，要他們來來回回傳一顆籃球，一半人穿白 T 恤、另一半穿黑色。西蒙及夏布里斯把過程拍攝下來給實驗室裡的受試者看。影片開始播放前，他們請研究對象待會要邊看邊數傳球的次數。想親自試試的話，他們已經把影片上傳到這個網址 www.theinvisiblegorilla.com/videos.html。如果怕被我破梗，最好在讀下去之前先去看一下影片。只要眼睛眨也不眨地認眞盯著螢幕，大部分人要數對都不是難事。實驗人員接著問受試者，在傳球的過程中是否有什麼異樣，多數人都說沒有呀。他們沒看見的是，有一位穿著大猩猩道具服的女士走到傳球這群人的中間，還對著鏡頭搥了搥胸，然後很悠閒地踩出鏡頭外。問看影片的人記得什麼，他們會形容一下大致的背景、傳球的人的穿著、傳球動作的激烈程度，但是有半數的人都沒看到大猩猩。

西蒙及夏布里斯的研究證明了窄縮視野 (tunnel vision) 確實存在，這是人類的預設模式。他們在研究裡指出，在戲院裡搜尋座位時，就算有熟人在座，你可能也不會注意到。還有，你常沒能注意到別人換了新髮型。你的知覺是從你有注意到的事物堆起來的。在大猩猩的實驗裡，如果是讓研究對象單純地看影片，沒有多作其他要求，他們就比較可能會看到闖進影片中的怪客，但這也不是百分之百保證。在專注的時候，你好像透過鑰匙孔在看世界，但這不表示在普通的時刻裡，你就能看見所有的東西。你通常不是很注意周遭環境，也常忙著想東想西。結果等你晃到了衣櫥前，卻忘了自己爲何要進來這裡，站在那貶眨眼，像是從夢遊中醒來一樣，這是因爲魔咒般的專注力突然解開了。

「不注意視盲」的問題不在於它發生得很頻繁，而是你不相信會有這種事，你認爲可以完整看到眼前的世界。在任何以目擊證詞或仔細觀察爲準的事件上，人老愛自以爲有完美的觀察力和記性，這種想法常導致在判斷自己和對別人的印象時錯誤百出。人眼不是攝影機，而記憶也不會像錄下來的影帶。

「不注意視盲」的孿生兄弟是「改變視盲」(change blindness)。大腦趕不及接收透過眼睛而來的所有資訊量，因此你在每一刻的經驗都是爲了作簡化而剪輯過。「改變視盲」發生時，就算你周遭的事物變得和前一刻迴然不同，也不會察覺。你所體驗的現實，其實是大腦依據各種感官所接納的資訊而產生的虛擬經驗。不是進來什麼留什麼，而是只留下一個剪輯過的版本。

在西蒙及夏布里斯的另一項實驗裡，受試者必須去找一個人簽同意書，再參加某個他們以為是真正要做的實驗。這個人就站在類似旅館大廳的高檯後頭，一等到簽了同意書，這個人會低下身子去把同意書收起來，這時另外一個人會站起身，然後遞還給受試者一包資料袋。三分之二的受試者沒有察覺換人了。他們可以記得房間的樣子，也能回想和「這個人」的互動過程，但是對這個人就只有一丁點印象，很像速描，大腦有註記這個人是個年輕的白人，但就僅此而已，沒有再多給櫃檯後的人任何多一分的注意力，難怪對他的印象不會深到哪去。桌子後面出現了一個不同的人，也絲毫沒有警覺。

在另外的實驗裡，西蒙與夏布里斯播放了兩位女演員邊吃晚餐邊談話的影片，兩個人都被分開拍攝，受試者會先在一個鏡頭裡看到其中一位女演員，當另外一個女演員說話時，鏡頭會跳到她身上。在鏡頭切換時，場景中有九個地方不一樣。盤子的顏色從白色變成紅色，有些食物出現又消失，當鏡頭從不同角度取景，甚至連對方的衣服都不連戲。受試者被問說是否有察覺什麼異樣，大部分人都不記得有任何改變。如果實驗人員要他們仔細搜尋不同的地方，平均九個地方中只找得到兩個。他們再次進行實驗，這一回讓其中一位演員聽到電話鈴響，但在下一個鏡頭是另一位演員在接聽電話。觀看影片的人只有三十三%注意到接電話的人不對。

魔術師能夠混飯吃靠的就是「感知視盲」(perceptual blindness)。只要用一點點誤導就足以讓你對眼前的改變渾然不覺。你以爲當意外發生時，大腦裡的保全會趕緊吐掉口中的咖啡，立刻報告長官，但可惜沒有保全，其實連長官都沒有。魔術師知道你的大腦對眼睛看到的東西不會被動地全盤接收，而是會去選擇要看什麼。想想，邊開車邊講手機時，你錯過了多少風景？研究發現，即使眼睛睜得再大，你還是可能看不見車子、腳踏車，甚至要撞上你的鹿。

一九七○年代，美國太空總署 (NASA) 的海恩斯 (Richard Haines) 在客機上測試平視顯示器 (heads-up-display)。他的研究顯示，即使處於很警覺的狀態，意料外的事物不見得就會跳出來搶到你的注意力。平視顯示器是一種半透明的發光影像，看起來像是漂浮在飛行員與駕駛艙的擋風玻璃之間。這種顯示器的設計是爲了讓飛行員時時都能看著擋風玻璃外的景象，不必再分心低頭看控制面板。他在飛行模擬器裡測試這項設備，機長在它的協助下執行飛機降落的任務。他發現，平視顯示器開啓時，機長會比較慢才發現有另一架飛機也在跑道上，有時候甚至根本沒察覺。飛行員把太多注意力放在這個新科技上頭，反而沒看到過去不太可能會忽略的東西。原意是設計來幫他們的發明，反而會害了他們。專注力在分出去的同時，愈不容易有餘力察覺異狀，即使攸關生死的危險在近逼，也不見得會很快發現。

這項研究的另一個變異版本是密西根大學的尼斯貝特 (Richard Nisbett) 及蔡 (Hanna-

Faye Chua）所進行的。二〇〇五年，他們給分別成長於西方及東亞的受試者看照片，照片裡有個動態的物件，四周環繞著豐富的背景。追蹤他們的視覺動線時，發現西方人比較會忽略掉背景，而專注在照片的主角上頭。反之，東方人則會看見每一樣東西。如果照片是一架飛越山頭的噴射機，西方人的視線很快就會落在飛機上，花比較多時間觀察它。亞伯達大學做了另一項類似的研究，實驗人員讓西方人及日本人看卡通圖片，畫面的前頭有一個卡通人物，背後有另外四個人物。研究顯示，日本受試者花了十五%的時間看後頭的人物，西方人則只花了五%的時間。針對不同文化的認知方式所做的研究是新創舉，然而研究出西方文化比較不關注整體，比較重視注意力的焦點，這也意謂著，西方人比較可能會受到「改變視盲」及「不注意視盲」的干擾。

你腦袋的內外世界不是長得一模一樣。意識從感官接收資訊的能力受限於你的專注力，但也會在抵達心裡之前剪輯完畢。一旦到了那裡，又會像混油漆一樣，將腦殼內飛舞的想法與感知統統調合在一起。你的感受、成長的文化背景、手邊的任務、龐雜的科技與社會，共同創造出一個目不暇給的視覺世界。最後，僅有微小的部分能進入你的意識。儘管如此，人類的活動與發明還是像馬戲團一樣不斷推出新戲碼。你在不知情的狀況下，選擇自己要看見什麼，在沒有考慮到視覺會偏食的情況下，仍然會按這些形成信念。但除了以後碰到大事時，要睜大眼睛作選擇之外，你也別無他法。

當你一邊開車一邊用免持聽筒講電話、或是在公共場所讀書讀到入迷時，別太信任你的感官，危險突然降臨時不保證能及時把你從白日夢中喚醒。

盲點 41

我重感冒，所以報告寫得不好。⬇自我設限

✕ 誤解 在所做每一件事上，你都努力求取成功。

○ 真相 為了保護自尊，你常在事前創造會讓自己失敗的條件。

你可能有認識好像無時不刻都處在生病邊緣的人，搞不好就是你，我們還是先說不是好了。這個像是有憂鬱症的人總是在抱怨感冒、發燒、胃不舒服、或是背在疼。對那些習慣把自己看成身體有微恙的人而言，這麼做有好處。憂鬱症患者需要關心，就像花朵需要陽光一樣，但要等到日子變得難過時，真正的好處才會浮現。若專案太難、責任太重扛不下來，搞憂鬱的人就可以拿生病當做現成的擋箭牌，不用冒失敗的風險。

每個人偶爾都會懷憂喪志，憂鬱症只是比較極端的版本，就跟大多數的偏差行爲一樣。每個人都會有沮喪的時候，就像每個人偶爾都會潔癖大作，瘋狂把家裡打掃一陣。嚴重的憂鬱症及強迫症都是把這些正常的傾向放大成一個無法管理的版本。你和憂鬱症患者共有的傾向是，都會在不自覺的狀況下事先找好藉口。

不時總會來些比較大型的專案要挑戰你的極限，讓你懷疑是否有能耐完成。有些可能工程浩大，像是要寫本書或是導部院線片；有時是平常人都會需要面對的事，像是順利通過期末考或是向公司老闆做一場重要簡報。有可能會搞砸時，就會有自我懷疑在你心裡閃過。有時候，對於失敗的恐懼實在太過強烈了，你於是利用心理學家稱之爲「自我設限」(self-handicapping) 的方法改造未來的情緒演變路徑。「自我設限」是一種現實協商 (reality negotiation)，你在無意識中想操弄自己和他人的感覺，藉此來保護自尊。這個現象的難兄難弟是「酸葡萄」心理，無法擁有的就假裝成本來就不想要；還有「甜檸檬」心理，你說服自己說，令你不快的事其實並沒有眞的太糟。而心理學家則是把「自我設限」稱爲「提早合理化」(anticipatory rationalization)，**這是對於未來的一種投資，倘若到時真的失敗了，你就可以有別的可以怪罪，而不用承認是自己能力不足。**

如同本書中的許多主題一樣，這種行爲說穿了就讓你那珍貴無比的自尊可以活得健康，可以迅速復元。如果你總能把失敗歸咎到外在的因素，而不是自身的條件，那麼，誰能說你眞的失敗了？

最早的「自我設限」研究是心理學家柏格拉斯 (Steven Berglas) 及瓊斯 (Edward E. Jones) 在一九七八年所做的。他們在研究中請學生考了很難的考試，無論學生表現好壞都告訴他們得到滿分。他們假設，學生現在的自我感覺良好，如果可以有機會選擇的話，應該會想保持自尊。在第二次測試前，他們給了學生選項，可以服下減弱表現或強化表現的藥，絕大部分的人都選了減弱表現的藥。藥是假的，但行爲卻是眞的。柏格拉斯與瓊斯後來說，他們的研究指出，當你成功了卻不知背後的理由，內心會懷疑自己是否眞的具備贏家的條件。因此未來能力測試的風險增高了，對失敗的恐懼也一樣。與其在事後編造太像謊言的藉口，不如事前先創造條件讓藉口看起來比較說得通。

可能是穿去面試的衣服不恰當，或是在「馬利歐賽車」（Mario Kart，任天堂遊戲）挑到的角色太遜，也可能是工作天的前一晚徹夜地喝酒。說到安排讓自己失敗的情境，你一點都不會黔驢技窮。倘若成功了，你會說自己在勝率極低的情況下照樣能贏。如果失敗，你就可以怪罪都是那些絆腳石害的，才不是自己能力或條件差。

澳洲新南威爾斯大學 (University of New South Wales) 的艾爾特 (Adam Alter) 及佛格斯 (Joseph Forgas) 二〇〇六年發現，心情好壞可以用來精準地預測何時會出現自我設限的

行爲，但可能會和你想的不一樣。他們請實驗對象分成兩組進行語言能力測驗，其中一組被告知成績非常好，另一組則是不理想。他們實際上考出的分數不重要，因爲實驗的目的是要看能否提高或打擊他們的自尊。在引導其中一組覺得自己表現很好之後，他們播放了影片給受試者觀賞，這些影片會讓人心情變好或是變差。其中一部是英國喜劇，另一部則是癌症紀錄片。結束後，他們告訴受試者要再考一次試，但考之前他們可以選喝兩種茶飲，一種喝了會昏昏欲睡，另一種則很提神。這是這個實驗的關鍵時刻。可能會進行「自我設限」的人變得悲傷的時候，是否更會眞的出現這種行爲？結果錯了，心情好的時候反而更可能會去自我設限。觀賞喜劇而且第一次測驗拿到好成績的人，有六十五%的機率選擇會想昏睡的茶。拿到好成績但看到令人難過的紀錄片的人，只有三十四%的機率選擇會昏睡的茶。爲了進一步確認這個發現，他們加減一些變數繼續實驗，想要證明受試者是眞的在自我設限。最後，艾爾特與佛格斯作出結論，**人愈快樂，愈可能想方設法誤導自己，好讓自己的人生看起來瑰麗無比，自己的能力看起來才高八斗。悲傷的人，比較會誠實面對自己。**

你向來都勤於打點自己的形象、定位，如果把在外頭世界的表現看成自我的延伸，就很可能會自我設限。心理學家利拔都（Phillip Zombardo）一九八四年接受《紐約時報》訪問時表示，「有些人會把自我完全和所作所爲牢牢綁在一塊。」這些人的態度是，「如果你批評任何我所做的事，就是在批評我這個人。」這樣的自我爲中心讓他們不能失敗，因爲那對自尊心會是可怕的打擊。

在上述及許多其他研究中，男人遠比女人更愛「自我設限」，原因不明。或許是社會給了男性較多的壓力，必須要能力很強，又或許男人比較容易用外在的成功來增加自我價值感。雖然原因還不清楚，但這種傾向倒是很清楚，男人比女人容易用「自我設限」來緩和對失敗的恐懼。

如果要航行到一個未知的海域探險，失敗的可能性極高，每當可以把可能來臨的失敗賴在自己新找到的不可控因素上，焦慮感就會降低。下次面臨挑戰時，記住你沒有那麼聰明，所以現在就得開始準備！

盲點 42 口罩快缺貨了，大家趕快去買！➡ 自我應驗預言

誤解 未來會如何是取決於不可控的因素。

真相 凡是被人的行為所影響的事，只要認為它會發生，就會導致它發生。

「自我應驗預言」(self-fulfilling prophecy) 作爲一種概念，幾乎有史以來所有人類文明裡的傳說和小說裡都會看到，但這個概念絕非虛構。

研究顯示，人很容易受到這個現象影響，因爲你老是想要預測別人的行爲。未來是一連串行動的結果，行動是行爲的結果，行爲則是預言的結果，這稱爲「湯瑪士定理」(Thomas Theorem)，是社會學家湯瑪士 (W. I. Thomas) 在一九二八年提出的，「如果人們認定某個情況爲眞，後續就會成眞。」湯瑪士發現，人們如果想預測未來會發生的

事，就會對現狀做出許多假設，如果堅信假設，衍生的行動就會讓事情往預測的方向發展。

最簡單的例子是類似短缺的傳言。如果你相信牙膏快缺貨了，就會趕在店家賣光前去搶購，就像其他所有的人一樣。當然，果然就缺貨了。

社會學家墨頓（Robert K. Merton）在一九六八年創造出「自我應驗預言」一詞。就他看來，這種現象的第一階段都是對某個狀況作了錯誤詮釋，然後就假設這個意見是對的，產生後續的行爲，當夠多的人都採取行動，事情就成眞了。原本的假狀況變成眞事實，再事後諸葛地說，這件事本來就一直是眞的。

「自我應驗預言」之所以有力在於現實是社會定義的，因爲你的一生大部分都要放在社會、而非邏輯的框架裡來看。根據邏輯所做的認知，就會像是英國搖滾樂團Foghat賣出了多少張專輯，是可以被衡量的。但至於Foghat樂團到底有多厲害，夠不夠資格上到超級盃中場作表演，這是社會觀感決定的。如果眾人的感覺化爲行動、政策與信念，感覺就成了現實，因爲大部分的生活面向都是行爲的結果。瓶裝水眞的比開水健康嗎？名牌毯子眞的比一般毯子優質嗎？休閒風眞的是終極時尚嗎？《全面啓動》（*Inception*）會是史上最棒的電影嗎？不能用科學量化分析，這些問題的答案可以從對、到錯、到有可能，然後再循環一輪，因爲這些是由社會觀感定義的。主觀感受取決於眾人，社會共識老是變來變去。當下社會的集體意識（social hive mind）會創造出事實，與月蝕及圓的半徑那種事實不一樣。你泅泳在社會意見的大海裡，浸淫在一個古今文化所共築的心理建構（mental construct）中。當這些意見凝成信念，信念又變成行動時，另外那些用邏輯、可以量測的事實都會隨之改變來配合。

心理學家史迪爾（Claude Steel）與阿倫森（Joshua Aronson）在一九九五年做了一項實驗，讓黑人與白人進行「研究生入學考試」測驗（Graduate Record Examination, GRE），這是許多大專院校用來決定是否錄取研究生的評量，是一種很困難的綜合型測驗，對想要踏進學術殿堂的學子而言，向來是焦慮與不安的來源。史迪爾與阿倫森告訴半數受試者，這個考試是要測驗智力，史迪爾與阿倫森的假設是，如此一來有一半的受試者會承受比另一半的人更大的壓力。成績揭曉時發現，無論是否有被告知這個測驗是在評估聰明程度，白人學生的表現大致如常。但是因為受到刻板印象的壓力，認為這個測驗會測出智力的黑生學生表現就糟得多。史迪爾與阿倫森指出，社會對非裔美國人的成見擾亂了他們的心。在解文字題及算數學分數時，因為一直受到刻板印象的壓力，令人不舒服的形容詞一直在他們腦中徘徊，擾亂他們的寧靜。白人學生則沒有受到成見的迫害，答題時比較能冷靜思考。同種實驗也就性別、國籍等各式各樣的條件來試。心理學家稱之為刻板印象的威脅，害怕自己會落實某種不好的刻板印象時，就可能產生自我應驗預言，**並非因為刻板印象說對了，而是因為擔憂個不停，反而害自己變成活生生的例子**。

自我應驗預言只是感覺問題，很容易可以讓它消失。另一個史迪爾所做的研究評估了男性與女性的數學能力。測驗問題很簡單時，男女表現旗鼓相當；碰到難的題目時，女生的分數比起男生下滑的幅度大很多。他們找來全新的一批受試者再度測試，這一回在發考卷前先告訴他們，男生與女生在這個考試上的表現通常一樣好，結果，兩邊的分數變得差不多。女性的表現一點都不輸男生。女生的數理能力較差這個刻板印象原本很強大，但消失了。

在社會心理學的領域，另一個「自我應驗預言」的版本稱爲「標籤理論」(labeling theory)，**若有人認為你是某一種類型的人，你就會表現得符合那個期望**。舉例來說，老師認爲你是個很聰明的學生，也用教聰明學生的方法教你，你受到更多的關心與較高的評價，你的反應就會是更努力、也有更大的學習動力，這個正向反饋迴圈讓你不會辜負貼在身上的標籤。在一九七八年由奎諾 (William Crano)、梅隆 (Phyllis Mellon) 所做的實驗中，他們從一年級的一個班上隨機挑了一組學生，告訴老師，根據這些學生智力測驗的成績看來，他們可能是天才。測驗當然並不存在，成績也是假的。但很確定的是，由於相信這個「預言」，老師給了這些學生更多的關注，他們做回家課業及考試的表現都進步了。

想想股市，每當大家認爲股價會下跌，就會停止買進、開始賣出。其他人聽說賣壓出現，也會跟著賣。於是有人開始預測未來行情，認爲大家會開始拋售，大家也眞的這麼做了。媒體一旦開始報導這件事，股市果然就慘跌。

研究顯示，如果你認爲某人其實是個渾蛋，你就會對他不友善，讓他眞的像個渾蛋那樣待你。同一份研究也指出，如果覺得另一半不愛自己，你就會把芝麻小事當成莫大傷害，這會導致嫌隙，讓另一半想要疏離。反饋迴圈一直不斷惡性循環，直到預言成眞。

薛曼（Steven Sherman）在一九八〇年進行了一項實驗，實驗人員在電話中詢問兩組人是否願意當三小時義工，幫忙一個癌症宣導活動。其中一組只是被問是否願意參與，他們說好，但最後出席的人只有四%。另一外組則是被問說，如果被問到要不要參與，他們覺得自己是否會出席。大多數人都表示會出席，而且幾乎全都有到。第二組人已經對自己的人格做了假設，一旦描繪出自己是什麼樣的人，就必須與之相符，不然就可能面臨「認知失調」（cognitive dissonance）的危險。

說到信念，你沒有那麼聰明，如果有足夠的時間孵化，你相信是眞的事都可能變成事實。想要有更好的工作、更幸福的婚姻、更棒的老師、更麻吉的朋友，你就要表現得彷彿那些事實正要發生在你身上。不打包票一定會看見改變，但有做總比沒做好。重點是：負面念頭會生出負面的預言，而且你會開始無意識形塑環境來讓這個預言成眞。

還先別衝去買《祕密》(*The Secret*)這本書。不是的，你無法心想事成。但是，你絕對可以盡量「心不想事不成」，光用這招就足以增進你的幸福指數了。

盲點 43

天哪，我住在這裡滿十年了！⬇當下

✕ **誤解**：你只有一個，你的快樂來自於對生活感到滿足。

○ **真相**：**你擁有好幾個自我，快樂來自於能夠滿足所有的自我。**

想你是否曾經病到得臥床一整個禮拜？你對那段時間有多少記憶？多半想不太起了吧？在你的一生當中，一個片段又一個片段的經歷都被拋到一旁、然後遺忘。你有時候會突然驚覺，然後納悶著「都已經到三月了啊？」、「我都已經在這裡工作五年了啊？」

要了解經驗與記憶的鴻溝，就得先了解一下「自我」(self)才行。你對自我的感覺就是一種「感覺」，僅此而已。你所想像的自己，是你對自己和別人視情況改變所說的故事，這些故事會隨著時間改變。現在只要先知道，任何時候的你都可以想成兩個自我一起在腦袋裡活動，這樣有助於理解，一個是「現在自我」(current self)，一個是「記憶自我」(remembering self)。

當下在經驗生活的是現在自我，這個你存在於歷時大約三秒的感官記憶裡，約莫三十秒之後，短期記憶開始拿著你的所有感官與念頭耍來耍去。你吃的冰淇淋很好吃。接著，你就只記得吃過冰淇淋。過了五年後，甚至完全不記得這回事。在極少的情況下，有別的狀況發生會讓你把這段記憶挪進長期記憶區儲存。現在回想一下你所有吃冰淇淋的經驗，你所擁有的眞實記憶片段有多少不是像夢境一般？關於品嚐冰淇淋這件事你有多少故事可以說？記憶自我就是由能夠進入長期儲存區的這些記憶所組成。

當你在心裡重播這一生的回憶，無法一一細數所有經歷過的事。只有已從經歷進入短暫記憶、再進入長期記憶的事才能讓你完全記得。去吃冰淇淋並不是爲了留下美好回憶，只是想要短暫快樂個幾分鐘，只是想小小滿足一下。這類經驗給的快樂一溜即逝。

心理學家卡內曼(Daniel Kahneman)對此主題有諸多心得。他說在生命中負責做總指揮的通常會是記憶自我。它會根據舊記憶來預期，拖著現在自我到處追尋新記憶。現在自我對於未來沒有太大的主導權，只能控制一些行動，像是把手從熱爐上挪開，或是把左腳踏到右腳前。偶爾，它會慫恿你去吃個起司漢堡、看一部恐怖片、或是玩電玩。因爲現在自我會覺得做這些事很快樂，喜歡這些刺激。

做出所有重大決定的都會是記憶自我。若你坐下來回顧自己的一生而感到很滿足，這是樂事一樁。當你和別人分享所見所爲，也很快樂。卡內曼提出一個思想的實驗方法：假設你準備要去渡兩個星期的假。假期結束時，你可以喝下消除這兩週所有記憶的藥水。

這會對你的旅行計劃產生什麼影響？知道不會記得任何事，那麼，你會把這兩週的時間拿來做什麼？你在思考這點的奇怪感覺，就是現在自我與記憶自我之間的衝突。想要體驗的自我很容易選擇要做什麼，性愛、滑雪、美食、音樂會、派對，這些全都可以即時行樂。但記憶自我會這麼選，它寧可去愛爾蘭看看古堡，或是一路從紐約開車到洛杉磯，看看途中會有什麼奇遇。

根據他的研究，你會透過兩個管道決定自己快樂不快樂。**體驗美好的事物，現在自我會快樂；回顧一生可以翻找出很多美好記憶，記憶自我會快樂**。誠如卡內曼所說，兩週假期可能只會留下一小撮的長期記憶，但你每隔一段時間就會翻出這些記憶，來讓自己快樂。創造新記憶所投入的時間與往後用來享受它的時間竟然那麼不成比例。

現在自我不喜歡待在辦公室小隔間裡，感覺像被囚禁一樣，它寧可去找樂子。記憶自我不喜歡被剝奪創造新記憶的機會，願意孜孜不倦去賺錢養活自己、讓自己有地方住，晚點再享樂沒關係。

快樂是什麼？對你及許多其他人來說，兩個自我對此充滿歧見。卡內曼的研究指出，快樂不能是兩個自我中有一方獨大，你必須日子過得快樂，同時間還能創造出未來想回味的記憶。

想要現在快樂，未來滿足，你不能只是一心一意想達成目標，因爲目標一旦達成，這項體驗就結束了。想要眞正快樂，兩個自我必須同時得到滿足。去買冰淇淋吃，但找個可以留下長期記憶的妙法來吃。努力賺錢讓未來有錢可花，但先找出可以樂在工作的方法。

盲點44 高中時，你是怎樣的一個人呢？ ↓ 一致性偏差

✕ **誤解** 你知道自己的看法隨著時間歷經何種改變。

○ **真相** 除非你記錄下自己的改變，否則你會以為自己的感覺今昔如一。

想想高中時期的自己。那時的你是怎樣的一號人物？

比較鮮明的部分會一一想起，那個醜醜的髮型、那些可笑的襯衫，對音樂的品味也很差。還眞是驢啊！

如果以前迷過某種次文化，要回想過去也許會更不堪。你曾是個龐克小子？身穿法蘭絨上衣的頹廢搖滾樂迷？在棋社裡和別人交換著《星際爭霸戰》(*Star Trek*)的小說？無論當時熱衷什麼，如今你很可能都比較興趣缺缺了。也許你已經學會如何叫頭

髮聽話、知道哪種衣服穿起來很好笑，也明白自己眞正的音樂喜好。你已經懂得經營自己，有好的電影品味，知道什麼叫眞正的友誼。就像把你過去及現在各拍一張照片拿來比一比，要看出今昔差異眞的很簡單；然而，有些不同很難察覺。科學家證實，在比較現在及幾年前的內心世界時，你沒有那麼聰明。

密西根大學的心理學家馬庫斯（Hazel Markus）說，當你接收到會威脅自我形象的新資訊，反應會是迅速去鞏固自我形象。心理學家打一開始便知道，自我既是一致的、也在不斷改變。在任何時刻，你都會捍衛自己的信念及思考後的結論；只是，你捍衛的自我會隨著社會情境不同而一變再變。誠如心理學家詹姆士（William James）一九一〇年時說過的，對任何一個人來說，「有多少個他在乎看法的群體存在，便有多少個社會自我存在」。所以，每一個自我就像是稜鏡的一個面；轉到這面或轉到那面，就會有不同面向的你反射到這個世界上。「一致性偏差」（consistency bias）讓你認爲這個稜鏡一直以來都是現在的大小、形狀，但其實不然。

一九八六年，馬庫斯發表了一篇論文，讓我們知道自我的可塑性有多高，人對自己的改變有多健忘。這份研究歷時二十年。在一九六五年，馬庫斯及同事收集了一群高三學生及其父母對一些政策的觀點。然後，他於一九七三年、一九八二年兩度詢問同一批人，要看他們的意見產生什麼變化。問題從毒品可不可以合法、囚犯的人權到支不支持戰爭等，五花八門。你也許可以猜到，在一九六五年到一九七三年這一段，較年輕的那群人的態度轉變，幅度要比他們的雙親大得多，整體而言，較年輕那群人的態度在十七年後變得比較保守。馬庫斯的研究顯示，人年輕時，對改變想法抱持比較開放的態度。你的黨派立場尚未定型。然而在生活經驗更豐富後，會開始培養出自己的人生觀與道德觀。雖然這些看似一般常識，但是當他問研究對象他們以往的信念時，竟然只有三十%的人準確記得原本的答案。他們往往表示自己對各種政策理念向來抱持同一套看法。例如，他們說相信死刑應該要繼續存在，並且以為他們一直是這麼想的，即便他們青少年時期的回答是應該廢死。

加拿大川特大學(Trent University)的史查弗(Elaine Scharfe)與西蒙弗雷澤大學(Simon Fraser University)的巴塞洛繆(Kim Bartholomew)於一九九八年也做了同類實驗，不過他們是請研究對象對自己感情生活的滿意度評分。有些受試者有固定對象，有些已和人同居，有些已婚。問題從對方有多常讓他們受不了，到預期這段關係會維持多久等。八個月後研究人員再回頭問這群人，然後也請他們回想原本的回答。那些感情狀態沒有改變的人比較記得住先前的回答，但是那些關係不論變好或變糟的人便無法如此正確地回顧過去；其中七十八%的女性與八十七%的男性無法正確記得自己之前的感覺。研究中大多數的人都能保有原本的記憶，**但是對那些記錯的人而言，是「一致性偏差」**

改變了他們的記憶，誤以為過去就像現在一樣快樂或一樣悲傷。

麻州威廉斯學院（Williams College）的戈塔爾斯（Goerge Goethals）及瑞克曼（Richard Reckman）於一九七二年做的實驗裡，學生被問及他們對公車上規定「種族隔離」的看法。記錄下他們的答案後幾個星期，再次帶領學生一起討論這個議題，但裡頭安排了一個暗樁來左右他們的想法。如果有人贊成取消種族隔離，暗樁會提醒他們會有哪些壞處。如果他們贊成隔離，暗樁會強調可能造成的傷害。跟其他前面的研究一樣，等他們被問及先前在問卷上的回答時，沒有人能正確記憶。他們的立場被別人動搖了，但卻認為自己一直抱持最新採取的立場。

更奇怪的是，一致性偏差是可以現學現賣的。如果你受誘導去認定自己是個誠實的人，你的行為也會像個誠實的人。

二○○八年，麻省理工學院的艾瑞里（Dan Ariely）、馬薩（Nina Mazar）、艾米爾（On Amir）請哈佛商學院的學生在五分鐘內回答數學題，答得愈多愈好，稍後辦個抽獎，隨機抽籤選出一名學生，前段的考卷每答對一題便可以得到三百元。在測驗開始前，他們請其中半數學生列出十本高中時讀過的書，另外半數學生則要列出聖經的十誡，愈多愈好。這兩組人中，各有一半的學生可以自己改考卷，然後告訴研究人員答對了幾題，所以有作弊的機會。另外半數的人則必須乖乖繳回答案卷。結果列書單那組的總分比總平均高出三十三%，表示他們有人作弊。列十誡那組的分數則低於總平均；沒人作弊。這半數學生被誘導去想到誠實，因爲每個人都想認爲自己很誠實，表現出的行爲是爲了努力符合這點。

人一直不斷在經歷這種「一致性偏差」。如果你承諾要誠實、要值得信賴，你往往會遵循到底。**如果你事先同意去做一些後來其實不太想去做的事，你還是會去做，如此才不會感到錯亂，或讓別人覺得言行不一**。任何時候，當你受暗示而把自己看成是一個怎樣的人，就比較會去做可以證明這點的行爲。一九七八年，亞利桑那州立大學的西奧迪尼 (Robert B. Cialdinia)、卡西奧普 (John T. Cacioppo)、巴塞特 (Rodney Bassett) 及米勒 (John A. Miller) 進行了一項實驗，他們問研究對象是否會願意基於幫忙而參與某個實驗，約有半數人答應。在受試者同意後，才得知實驗要在早上七點就開始，但仍有九十五%的人出席。而當研究人員再次進行相同實驗，但事先對受試者明說必須到場的時間，結果只有二十四%願意。第一次實驗的人並沒有料到得那麼早來，但是既然已經都說願意參與了，便覺得有義務言出必行，雖然不來並不用承擔什麼後果，但他們只是不想說一套做一套。

你通常想要避免因認知不協調而產生焦慮，「一致性偏差」就是其中一種反應，認知不協調是指你注意到自己在同一件事上出現兩種心態時的感覺。當你言行不一時，就必須處理一下覺得自己很虛僞的感覺，否則會發覺自己做不下去。你想要能預期自己的行爲，所以有時候會篡改自己的歷史，好對自己交代。**如果你覺得人本來就得日新又新，也覺得改變本來就是成長的必然，便能阻止「一致性偏差」冒出頭**。但在其他時候，總會渴望你的過往攤開來更好看一點，無法想像你曾經是連自己都會討厭的那種人。如果你現在愛得難分難捨，但曾經對這段感情有過懷疑，你會乾脆直接把過去按下刪除鍵，用和現況比較一致的記憶取而代之。年紀漸長的人往往認爲年輕人太天眞，有時候在年輕人身上看到的愚昧跟自己當年一模一樣時，便不覺莞爾；有時候會用年少無知來爲自己開脫，彷彿是在說只要長點智慧就不會這樣。這是「一致性偏差」在作祟：相信如果年輕時有現在的智慧，事情便會有所不同；但是人隨著時間改變是天經地義的事。之所以會產生「一致性偏差」，正是因爲無法承認這一點。

盲點 45

你是個老師嗎？⬇典型捷思

✕ 誤解 了解一個人的來歷可以比較容易判斷他是哪種人。

○ 真相 你依據某人看起來有多像你心中已有的人物類型，便貿然下結論。

你的朋友出門約會，回來告訴你她遇到一位機靈、有點神祕、風趣、或許還帶有那麼一點危險氣息的人。她覺得墜入愛河了。你問她對方的職業，她回答是一名足科醫師。你會不會很傻眼？很可能，但爲什麼會呢？你對足科醫師眞的了解夠多嗎？他們會是那種這個週末去玩跳傘、下個週末跑去非法賭博鬥雞的人嗎？這些看起來像是足科醫師會做的事嗎？還是你覺得足科醫師應該跟一窩貓宅在家裡，一邊研讀一大堆怪異的灰指甲菌照片？

除非你當過外交部長，否則你不太可能認識太多和你很不一樣的人。你對每個人都用成見來套，有些先入爲主的觀念沒好沒壞，有些則比較負面。這樣能幫助你想得更迅速，把新的未知事物建構起初胚，然後便能不太費力地做出決定。如果沒有過濾的篩子，周遭的世界對你而言會是一片混亂。所以隨著時間，你發展出一些捷徑來快速辨識這個世界。分門別類是理解世事最好的方法，**遇到陌生人，你的直覺反應是把他們歸類到某種典型，好快速地決定他們對你是有價值或是會造成威脅，這些建構作業就稱為「典型捷思」**(representativeness heuristics)。

卡納曼 (Daniel Kahneman) 與特沃斯基 (Amos Tversky) 於一九七三年發表一篇論文，他們從一堆在人心內搞怪的認知偏差中找出了「典型捷思」。他們和其他人在研究這種行爲時會寫出像這類的人物描述：

> 唐納德是一個非常聰明的大學生，每科都表現傑出，美中不足的是缺乏創造力。他非常愛整潔，也覺得非得把生活各面向都弄得有條不紊不可。他寫作時，內容不帶情感，通篇充滿科幻情節。他不喜歡和人相處，但是道德標準很高。

在他們的研究中，受試者會讀到類似這樣的一段描述，並被告知這是訪談過三十名工程師及七十名律師後得到的一篇描述。假如你是受試者，得要回答這個問題：唐納德比較可能是工程師或律師？

這便是「典型捷思」會把你推向錯誤思路的時候。如果你和大多數的人一樣，便會認爲唐納德比較可能是工程師。若你在腦海中去想一位工程師的形象，唐納德肯定符合，你完全忽略掉他有七十%的機率會是律師的事實，因爲在面談的一百人中，只有三十名是工程師。卡納曼與特沃斯基表示，**人會從典型形象來預測事情，會看的是新資訊吻合你腦袋裡既有成見的程度**。有時候，你腦袋中的資訊不過是實際事物的誇張版，當你想到阿拉伯酋長，你腦袋裡會浮現的是一個穿著白色長袍，腳穿繫鞋的男人。當你想到牛仔，腦袋裡浮現的是牛仔帽、皮褲、套索及手槍腰帶。你想到工程師及律師時，會覺得上述的描述比較符合工程師的形象，你把機率撇開不顧。你的心智模型並不講求精確，然而通常也無傷大雅，捷思只需要能自動而且毫不費力地跳進你的腦袋即可。如果人類的祖先在叢林裡聽到細微的枯枝斷裂聲，能夠立即假設那表示有什麼危險的、飢餓的東西正想要靠近，他們會活得比較久。如果你需要醫療，能夠假設那標示著大大紅十字，下方寫著急診室字樣的建築物是你該前往的地方，你就做對了，即使不確定那個地方是不是廢棄了，或者其實只是遊樂園裡的某項搞怪遊樂設施。卡納曼與特沃斯基的研究告訴我們，人的直覺不理會統計數字，直覺的數學不好。

再試試這段描述：

湯姆離過兩次婚，休閒時多半去打高爾夫球。喜愛穿著高級西裝，開名貴轎車。很愛爭辯而且一定要爭贏，否則便會暴跳如雷。他念大學花掉的時間對他而言太長，所以就盡可能藉由多參加交際活動來犒賞自己。

現在，假設這個研究面談了七十名工程師及三十名律師。在了解「典型捷思」會干擾你之後，你會說湯姆比較可能是工程師還是律師呢？沒錯，從機率上看來，他比較可能是工程師，不論上述描述有多麼吻合律師在你心中的「捷思模型」。

「典型捷思」會強化其他幾項認知謬誤，例如「聯結謬誤」(conjunction fallacy)。以下是卡納曼與特沃斯基研究中的另一個例子：

琳達是三十一歲，單身，給人的印象是很敢說話、非常聰明。她大學主修哲學。學生時代，極其關注歧視等社會議題，也曾參加過幾次遊行示威活動。

琳達比較可能是一位銀行櫃員、或者是一名活躍的女權運動家兼銀行櫃員？多數的人在看過上頭的描述後會選擇第二個答案，儘管統計上來看她是銀行櫃員的機率比較大。無論她擁有怎樣的背景，世界上銀行櫃員的人數遠超過是女性主義者的銀行櫃員。

「聯結謬誤」植基在你的典型捷思之上。你聽到愈多符合你心中模型的資訊，就會愈看愈像。在上頭的例子裡，你認爲銀行櫃員與女性主義者皆符合這個描述，因此看起來機率可以乘以二，不過從統計上來看恰恰相反。人的天性就偏不會從統計、邏輯、理性的角度去思考。你會先走進情感的世界，就描述的個性來判斷別人是不是符合你已先入爲主的概念，**對類型的歸納則來自你過去曾經親自遇過，或是受成長背景陶冶產生的想像**。

未來學家是專門在預言未來事件發生機率的人，卡納曼與特沃斯基找來專業的未來學家進行同類型實驗來證明上述這一點。一九八二年，他們請一百一十五位未來學家預測來年的兩種可能發生機率。他們將預言家分爲兩組，其中一組人要預估美蘇冷戰的機率，另一組人得預估美蘇冷戰並且蘇聯入侵波蘭的機率。結果第二組人表示，他們要預估的狀況比較可能會發生，因爲事件的數量是兩倍，所以發生的機率比較高。他們的典型資料庫被叫出來兩次，因此雙事件的機率顯得比單一事件高。

典型捷思儘管好用，但要小心，用得好可以協助你避險求救，用不好會害你以偏概全與生活在偏見之中。若你因爲別人看起來很像你腦袋裡的某一型，於是認定他會有什麼樣的行爲舉止，你可沒有那麼聰明。

盲點 46

你確定你眞的會品酒？ ➡ 期望

誤解 葡萄酒是精緻美釀，充滿了各種微妙的味道，唯有真正的行家才能夠分辨好壞，要騙倒經驗老到的品酒師很難的。

真相 只要修正期望，不論是葡萄酒專家或消費者都可能被愚弄。

你環顧著酒類專賣店一排排貨架，想挑選一瓶好葡萄酒。放眼望去眞是令人眼花撩亂，各種形狀的瓶身上貼著有城堡、莊園、或袋鼠插圖的標籤。再看看品種有多少，雷司令 (Riesling)、雪瑞斯 (Shiraz)、卡本內 (Cabernet)，這眞的是一門很專業的生意。你轉左邊，看到每瓶大約三百六十元的酒；轉向右邊，看到每瓶大約一千八百元的酒。回想起每次看電影裡的人品酒，總是會高舉杯子就著燈光，對丹寧酸、木桶與土質品頭論足一番，最貴的酒應該就是最頂級的吧？

呃，你的算盤打錯了。但是先別發愁，那些把發酵葡萄汁含在口中漱一漱再吐出來的行家們，也聰明不到哪裡去。

許多人都覺得學會品酒很難，難到甚至可以當成工作來做。品酒的歷史可以回溯至數千年前，但是擁有琳瑯滿目術語的現代版品酒，是這幾百年來才發展出來的。葡萄酒品酒師會說出他們從一瓶好酒捕捉到的各種味道，彷彿他們是一台人肉光譜儀，能夠微測出那杯飲品的分子結構。不過研究顯示，這種知覺是有可能被誤導、被愚弄，也可能會錯到十分離譜。

二〇〇一年，布契 (Frederic Brochet) 在波爾多大學 (University of Bordeaux) 進行兩項實驗。

在其中一項實驗中，他讓五十四名釀酒系（學習品酒及釀酒）學生聚在一起，請他們各品嚐一杯紅酒及一杯白酒。請他們依據已學習的專業知識，盡可能詳細地形容這兩杯酒。他沒說的是，那其實是同一款酒，只是把白酒染紅而已。在另一個實驗裡，他請專家來評比兩瓶紅酒，其中一瓶非常昂貴，另一瓶是便宜貨。他打算騙他們，這回其實是將便宜的酒倒進兩個瓶子裡。結果如何？

第一項實驗中，喝了染成紅色的白酒的品酒學生，描述嚐到的酒裡有哪類莓果、葡萄及單寧酸，那些是眞的紅酒裡該出現的味道。五十四名學生裡沒有任何一個可以分辨出那其實是白酒。在酒被裝進不同標籤酒瓶的第二項實驗裡，受試的專家滔滔不絕地發表對裝在昂貴瓶子裡的便宜酒的看法。他們形容這款酒「有層次」、且「順口」，而批評裝在便宜瓶子裡的同款酒「缺少層次」、且「沒什麼味道」。

加州理工大學(California Institute of Technology, Cal-Tech)的另一項實驗拿了五瓶酒來做評比，價格從一百五十元到兩千七百元不等。同樣地，實驗人員也將便宜酒裝到昂貴酒的瓶子裡，只是這次他們讓品酒的人接上大腦掃描儀。品酒時，在機器上可以看到每次亮燈的都是大腦的同一區塊，而當品酒者認爲喝到貴的酒時，大腦另個區塊會開始活躍。另一項實驗則請受試者評比起司時搭著兩款不同的酒來吃，他們告訴受試者，一瓶來自加州，一瓶則來自北達科塔州，實際上是相同的酒裝在不同的瓶子裡。品嚐的人認爲配著加州葡萄酒吃的起司品質較優，也眞的吃了比較多。

這麼說來，品酒這個高雅的世界難道只是個矯情造作的騙局嗎？也不盡然。上述實驗中的品酒師是受到「期望」(expectation)這頭心理怪獸的作弄。葡萄酒專家在正常情況下的客觀性與品酒能力可能很強，只是布契的布局足以誤導受試的品酒師，妨礙到他們的味覺靈敏度。期望對一位專家的影響力，可能就像克利普頓石（Kryptonite，《超人》中一種能克制超人超能力的礦石）可以消除超能力一樣。結果就是期望變得跟純粹的味覺同等重要。產生經驗的過程可能會害你無法客觀地解讀抵達大腦的資訊。心理學認為，人要做到絕對客觀幾乎是不可能的。記憶、情緒、制約及所有其他心理雜質都會污染你獲得的每段新經驗。還不止這樣，你的期望也會強勢主導，對你腦袋最終該相信什麼拍板定案。因此，**品嚐一杯酒、觀賞一部電影、赴一場約會，或透過價值一萬元的耳機來聽音樂，你的體驗一部分是來自心裡，一部分卻來自外界**。昂貴的酒就像其他任何昂貴的物品一樣，人們期望它好喝時就會嚐起來很順口。

在荷蘭的一項研究讓受試者聚在一間貼有宣傳高畫質海報的房間裡，並告訴他們即將觀賞一段新的高畫質節目。稍後，受試者表示他們覺得螢幕解析度較高、色彩更豔麗的電視提供了優於普通收視的體驗。他們不知道的是，他們觀看的其實只是一般畫質的節目，將看到較高畫質的期望引導他們去相信看到的影像的確比較好。最近的研究顯示，大約十八％擁有高畫質電視機的人仍舊在上頭收看一般畫質節目，但是他們卻認為看到的效果較佳。

百事可樂曾於一九八〇年代初推出一項名為「百事挑戰」(Pepsi Challenge) 行銷活動，想透過一項去品牌的口味測試確認自己的產品比可口可樂好喝。心理學家早已確定，你選擇自己喜歡的產品通常不是因為產品本身的價值，而是因為廣告行銷、商標等對你施了魔法，也就是形塑所謂的品牌意識。你開始透過一個又一個的廣告來不斷認同自己的喜好。在「百事挑戰」出現之前，所有帶品牌的口味測試都會得出這種結果：大家喜歡可口可樂的廣告勝過百事可樂，因此即使兩者嚐起來不分軒輊，當他們看到亮紅色的鋁罐和上頭的白色飾帶，就是忍不住會選擇它。因此，「百事挑戰」把商標的影響移除。一開始，研究人員認爲他們應該在玻璃瓶身貼點什麼來作區隔，於是在瓶身上標示M與Q。結果，人們表示喜歡標示M的百事可樂勝過標示Q的可口可樂。可口可樂對這件事大表不滿，於是自己也做了一項研究，把兩個玻璃杯裡都裝了可口可樂，結果標示M的那杯還是照贏。結果讓我們知道，重點不在杯子裡裝的是什麼汽水，而是比起Q，一般人更喜歡字母M。

當你找到喜歡的事物時，你會從那個環境中再多找一些線索，如果能找到上回讓你開心的事物的相關線索，就能幫助你找回這些好東西。對喝飲料的人而言，兩款飲料喝起來都差不多，如果必須做選擇，他們會靠另一種線索來決定，那就看哪個字母看起來比較順眼。顯然，M勝過Q。在其他的研究則發現，人們往往喜歡選A而不是B，選擇1而不是2。品牌的原理也是一樣。例如，伏特加酒根本就沒有什麼味道，因此廣告主不會向你推銷它喝起來會有多美味；而是，他們用廣告對你的大腦疲勞轟炸，利用你天生喜歡走視覺捷徑來誤導你。當你來到酒類專賣店，站在五花八門的伏特加酒面前時，酒商祈禱他們的廣告已經在你的意識裡種下夠多的期望，會讓你想要拿起他們的產品。

在去品牌的口味測試中，老菸槍無法從眾多競爭品牌中辨別出自己常抽的牌子，而品酒師也很難區別六千元和六百元的酒。在一家高級餐廳裡，讓人們品嚐從冷凍食品區買來微波加熱後的食物，多數人並不會察覺。味覺是主觀的，也就是在說，當你要在產品中挑東不選西時，你並沒有那麼聰明。當條件不相上下時，你會靠廣告、包裝方式、或是跟隨親朋好友的意見來決定。呈現方式決定了一切。

餐廳非常仰賴這一點，實際上，所有零售業者都很仰賴這一點。呈現方式、價格、好的廣告行銷、優質的服務，這一切都會形成對品質的期待。接續而來的實際體驗比較沒那麼重要，只要不是差到離譜，你的體驗會去符合你的期望。惡評如潮會讓一部電影變得更難看，有口皆碑可以讓你好喜歡那部電影。你不大可能在一個社會眞空的狀態下看電影，一定會接收到來自影評人、同儕及宣傳的意見。你的期望就像是一匹馬，體驗就像是馬車，你一直想反了，是因為你沒有那麼聰明。

盲點47 對骰子吹口氣就比較會贏錢？控制的錯覺

誤解 你知道自己對周遭事物有多少掌控力。

真相 對於隨機或複雜到難以預估的結果，你通常相信可以左右。

如果你擲銅板，連續五次都擲出正面，你內心深處會有一股強烈的感覺，認爲下次擲出的結果絕對會是反面，因爲這是一定的嘛。你認爲正反面出現的次數一定會差不多。

這種現象稱爲「賭徒的謬誤」(gambler’s fallacy) 或稱爲「蒙地卡羅謬誤」(Monte Carlo fallacy)，因爲一九一三年蒙地卡羅賭場的輪盤遊戲機連續有二十六次轉到了黑色區。你可以想像，看著滾珠一次又一次落在黑色區，十五次、十六次、十七次，賭客會拼命下注到紅色區。眞是令人難以置信哪！在賭徒心裡，他們覺得會再出黑色的機率近乎渺茫，下次絕對開紅色。常理一定會再回復的呀。激動的人群、鼎沸的人聲、以及滾珠在數字與色塊之間彈跳，勾勒出一場完美的錯覺，因爲機率從未改變過。滾珠還是可能落入黑色區，機率就如同二十六次之前一樣。

賭博時，無論是玩吃角子老虎、輪盤桌、或二十一點，你會判斷自己的手氣好不好，是連著贏或一直輸。你會說些像是「手氣快要旺了」之類的話，你覺得換荷官是個好兆頭，也注意到人們起身換到別桌是爲了換一下手氣。你的吃角子老虎機轉出三個櫻桃圖案中的兩個，所以你決定再拉一次把；輪盤遊戲連續開出十次黑色之後，你賭下次會落在紅色區，因爲你覺得該輪紅色了。

你或許還有一套專屬幫自己提高賭運的儀式：你從不坐到二十一點牌桌最外側的座位，只玩有實際拉把的吃角子老虎，或是在擲骰子到桌上之前會先對著骰子吹口氣。當然，其中沒有任何一個動作會眞的影響到機率。**機率是不變的，但有時候你就是以為自己可以擊敗它，因為你沒有那麼聰明。**

當你看到有人玩了二十分鐘的吃角子老虎後走開了，或許就會急呼呼地跑過去坐下，彷彿那台吃人夠夠的單把手機器在讓人輸了這麼多回銀兩之後，應該準備要倒吐出來一些了；沒那回事。這正是「賭徒的謬誤」，假設機率會因爲截至目前爲止的表現而改變。當然了，經過一段夠久的時間的話，機率回歸常態是有的，但在短時間內想要打敗機率是不可能的。如果你擲一個銅板五百次，正反兩面都會隨機出現，但要歷時非常久，才會達到接近五十比五十的機率。如果你只擲五次，連續出現同一面的可能性不小。這就是賭場永遠是贏家的道理；當你手氣正旺的時候，會發現自己很不捨得離開賭桌。然而，你玩得愈久，機率便愈可能變得輸贏各半，但你永遠不會知道連番好運究竟何時會開始、何時會告終。

人類祖先能活得久到足以遇到另一半，讓子孫綿延一代又一代，是因爲數百萬年來都極擅長「模式識別」(pattern recognition)。掠食者、獵物、朋友及敵人全都可以一眼從背景中清楚看見，是因爲你的祖先可以在一片紛亂之中找出訊號。拜祖先們所賜，你繼承了相同的能力，但是卻無法關閉它。你的大腦總是在尋找模式，當找到時，會傳送一絲快感到全身，但就像在雲朵變化中看出人臉一樣，那往往並不是眞正存在的模式，而是你自己亂想的。

如果你擲骰子第一次擲出一，再次擲得到二，然後再擲一次得到三，宇宙間並沒有一股力量會使骰子接下來在眾多機率中翻成四點，但是你難道不是覺得接下來四是一定會出現嗎？那是「模式識別」在干擾你的判斷力。從統計上來看，每一次擲骰子的出牌機率都和上一次無關。儘管如此，一九六七年一項由社會學家韓斯林（James

Henslin）所做的研究顯示，在擲骰子時，人們如果希望出現大的數字常會擲得比較用力，如果希望出現小的數字就會擲得輕一點。因爲你似乎有短暫地控制一下動作，於是開始覺得這股控制力彷彿不只是能控制骰子，而是會延伸到原本隨機發生的機率。

你有沒有曾經在看籃球賽時，祈禱某人罰球時可以順利投進？你有沒有曾經咀咒別人倒大楣，結果對方還眞的受傷了？二〇〇六年，普林斯頓大學的普尼（Emily Pronin）及羅德里格斯（Sylvia Rodriguez）與哈佛大學的韋格納（Daniel Wegner）和麥卡西（Kimberly McCarthy）決定攜手合作，看看能否在實驗室裡進行這種行爲的研究。

他們找來願意參與一項研究身心失調症（psychosomatic symptoms）實驗的大學生，身心失調症是指光是認爲自己生病就會引發身體上出現症狀。但這不是這個研究眞正的目的。他們眞正想了解的是，在條件足夠的狀況下，是否會讓正常人相信自己的想法可能會眞的傷害或幫助到別人。

他們告知學生要和另一名也是學生的人配成一組，但那其實是個暗樁。在其中一組，這名暗樁會遲到個十分鐘，並穿件寫著「笨蛋不准生兒育女」字眼的上衣走進來，然後對研究人員的態度粗魯地令人不敢恭維，還張著嘴大剌剌地嚼口香糖。在另一組，那個暗樁就十分彬彬有禮，令人很有好感。不論暗樁或學生，每個人在讀完一篇描寫巫毒教的文章之後，都要從一頂帽子裡抽出紙片。紙片上其實都是寫「巫醫」，但是研究人員告訴學生說，有一張紙片上會寫著「受害者」。暗椿會假裝拿到「受害者」的紙片。

一切就緒後，研究人員拿給學生一個巫毒娃娃，告訴他們要在心裡想著隊友，然後把針刺進娃娃身上。立刻，暗樁開始喊頭痛。你或許已經猜到結果，比起配對夥伴很有禮貌那組，在被設計的情境下對暗樁產生厭惡感的這組，都比較會說是自己害對方頭痛。人們多半不會輕信一些事，但是這份謹慎在討厭隊友的這一組裡減小了。他們看到有狀況發生了，在很多的可能性中，認爲最可能是自己的念頭害的。

在這項研究的第二回合，實驗人員請參與者看一名運動員投籃。投籃的人被用一塊眼罩矇住眼睛，但這塊眼罩暗藏玄機，其實還是可以透過去看得見。他們請其中一組受試者在投籃的人每次投球前，先花十秒鐘想像投籃的人投球的畫面，而請另一組受試者想像投籃者舉重的畫面。然後，他們甚至還請投籃的人在開始投籃前先練投一分鐘，並故意讓大部分的球沒投進。

投籃的人盡量在正式投籃時投八中六，就像他們平常的實力。但是對一個綁著眼罩的人來說，那眞是太令人吃驚了，然而兩組受試者看這件事的角度不同。稍後問他們時，大家都不太相信竟然可以有這麼高的命中率，可是那些想像投籃動作的人比較會說自己有幫到忙，比例幾乎高出兩倍。就像任何神奇的魔術一樣，人們願意相信也許異次元或心電感應的神蹟眞的出現了。

研究人員總結說，人們或多或少相信心靈力量的存在，認爲想法可以影響到不能掌控的事物。受試者知道自己正在參與實驗，因此會比平常人更有戒心。但只要設下適當條件，還是可能突破他們的心防。如果你是一位超級運動迷，你很難不認爲心中吶喊的加油有幫支持的隊伍贏球。你支持的球隊贏了，你會當仁不讓地居功；如果他們輸了，你會認爲是自己加油還不夠賣力。這種「控制的錯覺」(illusion of control) 很普遍也很常見：老師把學生表現優異歸功於自己教導有方，在戰場上的軍人收集幸運符，或有一套固定儀式讓他們覺得可以神奇地幫他們活著回去。你也會請大夥祝福某個生病的人早日康復。

一九七五年，哈佛大學心理學家藍格 (Ellen Langer) 做了一系列的研究。她請人們參與有關機率的遊戲，有些遊戲中，受試者有些被給予些許掌控權，有些則沒有。首先在一場撲克牌局中，她讓受試者與緊張兮兮或自信滿滿的暗樁對賭，儘管結果輸贏是隨機出現的，但是當受試者認爲對手很弱時，就會下比較高的賭注。玩樂透時，她讓人們有的自己選號，有的不能選號，當她想買回這些人手上的彩券時，自行選號的人要求她付的錢比不是自己選號的人還要高。她還讓人們擲銅板並猜會是正面或反面朝上，但是研究人員暗中操控每次拋擲的結果。有些受試者一開頭就連續猜對十五次，有些是最後才連續猜對十五次，第三組的人猜對的十五次則是平均落在三十次的丟擲當中。那些認爲自己一開始就交好運的人表示，他們覺得只要勤加練習，之後就會表現得更好。而那些以爲自己一開始都猜不準、或是看到自己十五次猜對都是隨機出現的人就沒有這麼自信。**三組人猜對的次數完全是一樣的，但是較早經歷連勝紀錄的人相信自己具備某種程度的控制力**。他們認爲自己可以打敗機率。

藍格下結論說，關鍵的決定因素在於讓參與者在遊戲中找到一些線索，感覺遊戲彷彿和某種技能有關。看見某種模式、更加熟悉這些遊戲、對怎麼進行可以置喙，這些都造成了「控制的錯覺」。現在看來應該很明顯了，受試者往往認爲「不可預測的結果」是可以智取的。**這就是當提供一些你可以作主的選擇時，你更會想去參與機率遊戲的原因：讓你可以自由選號的樂透彩，可以挑號碼下注的輪盤遊戲，都會影響你對結果的看法**。你認爲如果在賭運上可以有些作主的權力，那麼無情的命運之神也許就比較會高抬貴手。

拋擲銅板或贏二十一點說起來還相對單純，股市、戰爭、企業併購及家庭渡假計畫才是眞正可怕的隨機怪獸，然而無論情況複雜到何種境地，都會有人認爲自己可以預測和掌控。那些有權作主的人開始幻想，無限上綱自己的能耐。

二〇〇八年，史丹福大學的法斯特 (Nathaneal Fast) 及古恩菲德 (Deborah Gruenfeld)

進行實驗，想揭露控制的錯覺是如何形成的。從過去的一些實驗他們已經得知，一個人擁有較高的社經地位或是來自看重權勢的成長背景，更會認爲自己能預測未來。擁有大學文憑的人，甚至連死亡也比較不怕。法斯特與古恩菲德想知道的是，如果你只是被要求去想像自己很厲害，結果會怎樣呢？

他們將研究對象分爲三組。第一組撰文回憶一生當中曾當領導人的時刻，另一組撰文回憶聽命行事的時刻，最後一組則撰寫前往超市的經驗作爲對照組。文章完成後，接著玩遊戲的這三組人必須猜一對骰子會骰出的點數。如果猜對了，便會獲得五美元。關鍵點是：你可以決定由自己來擲骰子、也可以選擇讓別人幫你擲骰子。

無疑地，「控制的錯覺」已被巧妙地灌輸到撰文描述曾有領導經驗者的心裡，他們當中百分之百的人要自己擲骰子。撰文描述聽命行事經驗的人，只有五十八％的人要自己擲骰子。控制組的比例界於兩者之間，有六十九％的人要求自己試試手氣，而不是讓別人來擲骰子。當然，骰子不會管是由誰擲出的。如果你覺得自己能駕馭一艘火力強大的艦艇，便會開始認定自己擁有其他人沒有的天賦。你大膽做出計畫與決策，認爲亂七八糟的機率只會發生在傻瓜身上。「控制的錯覺」眞的很特別，因爲它常會讓人很自負，相信「命運掌握在自己手上」，只因爲自己拼命這麼以爲。這種過度樂觀可以化爲實際行動，不管困難重重仍舊不管三七二十一地放手一搏，這種態度通常有助於取得成功。然而最終，大部分的人會慘遭生命無情的打擊。有時候，直到一長串的勝利之後重擊才會降臨；那時你累積的能量已大到足以釀成嚴重的災禍。戰場兵敗、股市崩盤、政治醜聞鬧上所有媒體版面便是發生在這種時候。**有力量讓人有把握，但有把握對無可預料的事情不具意義，無論你是在玩牌、或統治國家都一樣。**

心理學家提出這些發現，不是在建議你應該兩手一攤，向命運投降。那些不屈服於現實的人，奇怪的很，往往在生命能獲得許多成就，就只因爲他們相信自己可以，而且也比任何人都勇於嘗試。如果你太長一段時間覺得無力感，很可能會整個陷入「習得的無助」的狀態，被捲入負面的反饋迴圈而總是沮喪。稍微具有能控制的感覺是一定要的，否則你會乾脆擺爛。藍格證明了這一點，他研究過養老院後發現，如果院方允許老人們自己布置家具、自己澆澆花的話，會比一切都讓他人代勞的老人院裡的住民更長壽。

了解「控制的錯覺」不該讓你因此失去在想挑戰的領域裡出人頭地的企圖心。畢竟，不努力保證不會有收穫。但是當你勇往直前時，要牢記，未來大多是無法預知的。即使相信天公疼憨人，也要記得人生不如意事十之八九，要把失敗的可能納入計畫；相信失敗不會找上門的人就不會懂得未雨綢繆。有些事情的確可以預測、也可以加以管理，但是事件離發生的始點愈遠，你對它的掌控會愈來愈小；離你愈遠、牽涉的人數愈多，你能發揮的影響力就愈少。那就像拿幾兆顆骰子擲了數億次一般，其中的變數太過複雜、隨機到根本無法預測，遑論管控。你無法預測人生接下來會怎麼發展，就像天邊那朵雲要變成什麼形狀一樣。那麼就想辦法控制一些重要的小事。反正，從更宏觀的角度來看，任何所謂的控制都是錯覺。

盲點 48

壞人都是天生的。➡ 基本歸因偏誤

✕ **誤解** 別人的言行舉止反映了他的性格。

○ **真相** 他人的言行舉止比較是環境形塑的，而非天性使然。

你去一家餐廳，侍者端來你沒有點的菜。把菜退回之後，彷彿等了一世紀他才端上對的餐點。他忘了常常來幫你把杯子倒滿，等到眞的有過來巡桌時，似乎也記不住你喝的是什麼。你小費會怎麼給？

念大學時我當過三年服務生，我可以告訴你，如果廚房弄錯點菜，我就知道小費飛了。錯不在我，但顧客總是拿我開刀，彷彿就是我的錯。如果餐點涼掉了、燒焦了，或該全熟卻只有七分熟的話，用餐的顧客爲了表達他們的不滿會不留給我任何小費，或更慘，留下一塊錢小費。有些人會很有教養，只在要離開前用小費投下不信任票讓你知道。有一些會暴跳如雷，還在吃飯就要求見經理。當過服務生的人，都能培養出一種特別的敏銳度，我還沒有遇過有哪個服務生不知道顧客要剋扣小費了，雖然沒有人上過一堂叫「這樣顧客不會賞小費」的課。在那三年的時間裡，我學會了，服務好壞跟餐廳本身比較有關，跟我的個性不太有關。我可以表現得親切一點、風趣一些，或是在覺得適當的時機跟顧客攀談一下，希望我無力掌控的部分不要完全把我拖下水。不過一旦哪裡出了錯，顧客還是照樣懲罰我。

話說回來，你是否曾經因爲不滿而剋扣服務生的小費？

在餐館用餐時，你很難看清服務生的好壞。你會怪罪他們，是因爲認定你碰到做事零零落落的懶鬼。有時候你猜對了，但是更多時候是犯了「基本歸因偏誤」(fundamental attribution error)。

你有沒有看過《智者生存》(*The Weakest Link*) 或《危險邊緣》(*Jeopardy*) 這類的機智問答節目？哪怕是幾秒也好，有沒有在心裡閃過「主持的這個傢伙怎麼聰明成這樣」的念頭？也或許在你一生中有少數幾位歌手、作家、或教授是你非常仰慕的。要你自在地與這些人講話會有多困難，因爲你能想像在面對他們宛如泰山壓頂的智識與光芒之下，自己只能閒扯一些義大利麵食譜或漂亮的湯匙收藏的情景。如果你對某人所知有限，沒有機會深入認識時，往往容易把他歸類成某種人。你憑藉的原型及刻板印象是源自以往遇過的人，加上你的幻想。即使知道不應該這樣想，還是會這麼想。

你不斷地戴上又脫下面對這個社會的面具。和朋友在一起、和家人或老闆在一起時，你不會是同樣的一個人。不知怎地，你會忘了你的朋友、家人和老闆也同樣會如此。

你幾乎在看每一則新聞時都會犯下基本歸因偏誤。例如，每隔一陣子就會有人因爲崩潰，跑到郵局裡瘋狂地大開殺戒。從一九八三年至今，大約每隔兩年就會在某家郵局或鄰近發生槍擊掃射事件。通常，兇手都是一名不開心的郵局員工，有的仍在職，有的才剛被解僱。美國甚至因此出現一個專門的片語來描述這種現象：「郵局暴走 (going postal)」。現在已經是美國人集體無意識 (collective unconscious) 的固定咖。電影、書籍、電視節目，甚至流行音樂不斷從郵局員工情緒暴走來取材，最近一回出事是在二〇一〇年。「郵局暴走」勢必還會待在英文俚語庫裡好幾十年。

許多人提出不同理論來解釋這種現象，從工作壓力、令人沮喪又官僚的申訴體系、乃至模仿效應。然而眞相是，現代美國多的是有人因爲一時情緒失控，就衝出門去持槍濫射。你可以上網查到三百起以上的持槍暴衝事件，你可以上 Google 輸入關鍵字「持槍濫射」，隨便查任何一段時間，保證過去幾週內至少就曾發生過一次大屠殺。奇怪的是，發生在郵局的兇殺案比率明明比發生在商店還低，或許是因爲在商店裡更有可能是遇搶喪命的緣故。總之，你之所以對郵局的獨行俠員工殺害所有同僚耳熟能詳，是因爲只要有這種事在任何一處發生，全國媒體往往都會瘋狂地加以報導。

當你聽到有這類發生在郵局、學校、或機場的掃射事件時，第一時間對凶手的想像會是怎樣？最安心的想法是「那個人瘋了」。他本來就是一個瘋子，某一天突然遇到一件讓他完全失去理性的事，這樣想會比較寬心。沒人想要住在一個凶手四伏的世界裡，或者你自己就可能會突然失心瘋到犯下這種錯。

然而，大多數的時候，暴衝的人並不會突然有天早上醒來，想到今天要去行凶。憤怒已經在他們心裡累積多年了，通常會因爲工作上受到委屈而滿懷沮喪和憤怒。他們是用工作來定義自己，被開除就什麼都沒有了。他們往往失去道德的約束，又很孤立，認爲做出一件轟轟烈烈的大事可以讓自己揚眉吐氣一下。他們之中很多人覺得自己似乎被折磨、羞辱夠久了，所以想要撥亂反正。對他們而言，生命很無情，不斷打擊到令他們抬不起頭來，充滿無力感。在他們的認知裡，是環境把他們給逼瘋了。

你會把情緒失控的凶手看成瘋子，但是他的同事及家人很少會苟同這種說法。他們會說是因爲工作壓力害他們發狂。朋友們會說，假使不是因爲做了這份工作，他們不會變成這樣。對你這個局外人而言，很容易會譴責凶手太凶殘，彷彿是說他們反正遲早都會殺人。雖然你很難聽進去，但你會妄下結論是因爲基本歸因偏誤在作祟。**你只看著那個人本身，不去考慮他所處的環境，把過錯都只怪罪到他一個人身上。**

其實這種事可能會發生在任何人身上，所以也可能會發生在你身上。當你想到惡行的發生可能是因爲接二連三遭受不幸和沉重的社會壓力，而不是單純心理錯亂，這樣想會令人感到坐立難安。知道這個事實並不是要幫那些傷害他人的凶手開脫，然而這比較接近眞相。如果有讓你嚇到，別擔心，那表示你神智正常。

在學校裡，你會看到怪胎和書呆子、白馬王子和公主，班級活寶和懶惰鬼、浪漫詩人和拼命爭取好成績的野心家。你喜歡有故事情節的世界，充滿各種角色的書籍和電影強烈吸引你，因爲你在現實生活中也喜歡把每個人套上某種角色，這樣比較方便預測他的行爲。每個人都會努力想解讀這個世界，你總會注意其他人會有什麼想法，也總是在尋找解釋來理解別人的行爲。

心理學家知道，人的大多數行爲都是外在力量與內心想法的一場拔河。人們並非彼此沒有存在細微差異、能夠輕易被預測行爲的角色。你在公司和家裡就像兩個不同的人，在派對及和家人在一起時也判若兩人。理論上這是常識，但是當你在批評其他人時，太容易忘掉環境可以有的影響力。你不會這樣說：「小傑處在陌生人多的場合中會很不自在，因此當我在公共場合看到他時，總是看見他會避開擁擠的地方。」而是會說：「小傑生性害羞。」那是一條捷徑，比較容易讓你悠遊在社會裡過活的方式。你的大腦喜歡抄捷徑，但是走捷徑很容易忽視掉環境因素的影響力。透過一個人所處的環境去檢視那個人，是社會心理學的基本作法，叫做「歸因理論」(attribution theory)。

如果在酒吧裡時，有個人走向你，想買杯酒請你，你腦袋裡會先想到的，不是去分析這個人的臉或室內的溫度，你會有的立即反應是揣測他的意圖。是想搭訕嗎？還是只是因爲很大方呢？這會是個壞人嗎？你問自己他的行爲要怎麼歸類和理解？你不確定答案，因此腦袋裡的猜測在幾個可能性之間徘徊。

當你觀察到某種行爲，比如說小孩在超市裡哭鬧，而他的家長顯然無動於衷繼續買他的東西，你會走心理捷徑對他們的生活態度下某種結論。即使你明知沒有足夠的資訊可以眞正了解他們，仍對自己的結論感到滿意。你的歸因——也就是你認爲導致這種狀況的理由——可能很準，但通常是錯的，你沒有那麼聰明。

一九九二年，塞迪基德(Constantine Sedikides)、安德森(Craig Anderson)做了一項研究，他們請一些美國人解釋爲什麼會有美國公民向前蘇聯投誠。多數人很快就下斷言，八十%的人表示叛逃者或許一時糊塗、或許本來就是天生反骨。受訪者認爲可以從性格預期到他們會做這種事。畢竟，美國是一個自由國家，一個勇者的國度，而且是這些受訪者長大及享受美國夢的地方。當研究人員接著問爲什麼俄國人會投奔美國時，九十％的人表示，他們可能是想逃離悲慘的生活環境，或是尋找可以生活得更幸福的地方。美國人的心態是，俄國人投誠不是因爲性格使然，而是受環境所逼。他們是投奔到受訪者的母國，受訪者沒有把他們看成賣國賊，因爲那樣想令人不安，反而把他們的行爲歸咎於外在的因素。

心理學家凱利（Harold Kelly）說，當你想找出某人行爲的背後原因時，會考量一致性。如果你朋友和某個你也認識的人吵架，你一開始會先去看他們這次的行爲是否和過去一致。如果雙方都常會一言不合便與人爭吵，你會歸咎於這兩個人的性格。如果他們平常都還滿溫和的，你便會將此次的事件歸咎於環境。這種迅速判斷法通常行得通，而且在人類的演化史上，要確認我們每天見面的人的一致性是個簡單任務。然而，在現今的世界中，你無法確認一位服務生或地鐵上的陌生人是否一路走來始終如一。你不會知道拿槍亂掃的傢伙是否和平日無異，或在路上超你車的老兄是否一直都這麼欠扁。當你無法去檢查一致性時，便會將人的行爲怪罪於性格。

最早揭露基本歸因偏誤的研究包括了一九六七年杜克大學的艾瓊斯（Edward Jones）及哈里斯（Victor Harris）所進行的實驗。他們請學生閱讀對卡斯楚的政治思想進行辯論的正反雙方的講稿記錄（如果研究是現在進行的話，可能會選擇賓拉登）。當被告知辯士是自己選擇擔任辯方或反方時，受試者歸因他們的論點受到自己的情感所影響。比方說，如果辯士表示不同意卡斯楚的理念，學生們會認爲他們是說眞的。而當受試學生被告知辯士不能選擇辯論的立場，只是被分派去擔任辯方或反方，但學生不信這種說法。如果那個人接受指派而擔任支持卡斯楚思想的辯方，然後發表贊成卡斯楚思想的言論，閱讀他講稿的受試者會告訴研究人員說，他們認爲辯方眞心相信自己的發言。環境影響並沒被納入他們的假設。相反的，他們認爲所有辯士的發言都是源自性格。

這項實驗至今仍有各種不同版本在進行，不論變動哪一種變數，同樣的誤解同樣會發生。一九九七年，迪托 (Peter Ditto) 請男性受試者和暗中協助實驗的女性工作人員碰面。她和這些男性受試者會進行簡短的一對一談話，然後她會將對男子的印象做成書面報告提交。當迪托告訴男性受試者，女子是被要求在提交的報告上寫印象不佳，男性受試者會說她只是奉命行事。但當告訴男性受試者她因爲被要求而在報告上說印象很好時，他們則表示儘管知道她只是遵照指示，卻仍覺得她是眞的對他們有好感。

你相信其他人的行為是源自於他們是哪類型的人，而與環境不相干，便是犯下了基本歸因偏誤。當一個男人相信脫衣舞孃眞的愛他，或老闆認爲所有的員工眞的都愛聽他到哥斯大黎加釣魚的故事，那都是基本歸因偏誤在作祟。

我們很難想像環境可以發揮影響力到什麼程度，它可以影響你及你自以爲摸透的人的行爲到什麼程度？一九七一年時，金巴多 (Philip Zimbardo) 在史丹福大學進行了一項實驗，那場實驗讓他自己嚇壞了，也刷新了心理學界的認知。金巴多很想了解人們終其一生在扮演的諸多角色，你創造許多的角色，然後視不同情境扮演某個角色。他猜測，戰場上和監獄裡出現的殘酷人性，也許不是因爲人很邪惡，而是因爲人無意識地在作角色扮演所致。

他請二十四名學生擲銅板決定，看在校園內成立的一座假監獄裡，由誰扮演囚犯，誰扮演獄警。那些隨機選中扮演囚犯的人，穿著背後印有號碼的囚衣，戴上腳鐐。獄警穿著整套制服，戴上太陽眼鏡，手上揮舞著木頭警棍。獄警被交代只能喊囚犯號碼，但是不能對他們做出人身傷害。金巴多請當地警察協助在假囚犯的自家門口進行逮捕，然後當著鄰居們的面前進行搜身。接著，他們在警察局模擬報到程序，完成假的拍照程序並蓋上指紋。在眞正的囚房矇眼等候一陣子之後，警察接著把他們帶往校園的假監獄裡，並在裡頭脫衣搜身和進行除蝨。在這一切作業都完成後，這場實驗本該進行爲期兩週的時間。學生們會各自扮演獄警與囚犯的角色，心理學家則將一切錄影下來，並做筆記。實驗才進行六天便不得不喊停。

第二天就發生一場暴亂。第三天就有個扮演囚犯的學生必須從監獄被釋放，因爲他承受不了這麼大的精神壓力，研究人員不忍心再關他。出了什麼岔呢？

金巴多有確認過參與者都是來自中產階級家庭的大學生，沒有暴力前科或毒癮。

他叫獄警要維持秩序，但是沒有明確指示得如何做。一開始，扮演獄警和囚犯的學生都不太把實驗當眞。他們先是有點鬧著玩，還不太融入角色之中。但是金巴多要獄警每隔一段時間便用哨音把囚犯們叫醒，清點人數，每次都要囚犯逐一報自己的號碼。漸漸地，獄警在點名時變得比較凶悍、比較會虐待、也比較殘酷。如果囚犯不守規定，獄警會強迫他做伏地挺身，或把他關進衣櫥，彷彿那是禁閉室。第二天一早，囚犯覺得他們眞的受夠了，就拿床墊擋住囚房門口，並對假獄警大吼大叫。獄警於是抓起滅火器，對著柵欄內的囚犯狂噴，逼他們退到囚房後頭。他們接著剝光囚犯衣物，搬走他們的床，開始羞辱、嚴懲他們。爲了防範進一步騷動，他們答應幾位保證乖乖不鬧事的囚犯穿上衣服，有床可睡，另外還可以吃比較好的食物，以及享有用牙刷牙膏等特權。幾個小時之後，守衛剝奪這些聽話的囚犯的所有特權，讓他們和不服管教的那些囚犯交換位置，想要他們去猜測有誰在祕密地當獄警的眼線，藉以反間他們，以防他們彼此串連結盟。不久後，獄警開始強迫囚犯用桶子上廁所，並強迫他們模擬雞姦。

金巴多也被這種環境的力量收服了，跟學生們半斤八兩。他開始把自己看成像是典獄長，在聽說囚犯正醞釀越獄計畫的謠言後，他便想把實驗搬到眞正的監獄裡進行，不過沒有成功。等他看到獄警在以爲他不會看到的錄影帶裡使用暴力，他了解到這個實驗已經失控了。當一名他的研究生第一次去到那裡，看到囚犯生活的可怕景象時，嚇得倒退三步，金巴多終於透過她的眼睛，看出這一切已經太離譜了。在第六天，他把這個實驗結束。囚犯欣喜若狂，獄警卻在抱怨。

在後續的訪談中，扮演囚犯的學生表示覺得自己彷彿喪失了眞正的身份，實驗好像眞的換到一座眞正的監獄裡。他們覺得自己瘋了，忘了只要請求停止實驗便可以離開那裡。獄警則表示，他們只是聽命行事。

別忘了，短短一週前，扮演這些角色的人都還只是一般中產階級的大學生。無論是他們自己或是任何認識他們的人，都不會認爲他們會作惡多端，或是逆來順受。這一切是發生在校園建築物的一排辦公室裡，每個人都知道這一點，但是環境以及外在力量如此強大，大到只需一天就可以把他們變成了惡棍和受害者。

數十年之後，美國政府宣稱發生於阿布格柴布監獄（Abu Ghraib，又稱巴格達監獄）的虐囚事件是少數幾個壞傢伙的個人行爲時，金巴多提出反駁。美國政府犯了基本歸因偏誤，忽略了環境的力量，把犯下罪行的人形容成容易塞責的角色。金巴多並不是要替那些犯下虐待及羞辱監獄裡伊拉克囚犯的人脫罪，他只是認爲，任何時候人們被置於像他當年在實驗裡營造的校園監獄那種環境底下，相同的結果都會出現，就像二〇〇四年發生在阿布格柴布監獄以及其他人類史上所有的監獄。金巴多表示，人性不是本善，但是環境可以鼓勵大家當好人，他認爲任何人都一樣，只要有權力有機會，都有變成壞蛋的能耐。

當你詮釋另一半爲何很冷漠，覺得是因爲他不理會你想要什麼，而不是因爲工作壓力或內心諸多煩惱的結果，那麼你便犯了基本歸因偏誤。當你投票給某人，是因爲覺得他看起來很討人喜歡又很和善，而沒想到他可能是看在選票的份上才裝親切，那也是基本歸因偏誤在作祟。當你誤將別人的友善當成對你有「性趣」，或認定貧窮是懶惰的結果，你再次踩了這種偏誤的地雷。當你想爲另一個人的行爲找理由時，一定都能找到。但是，你一定不會一開頭就思考到環境的影響力。你責怪他本人，而不是歸咎於環境及同儕的影響力。你會這麼想，是因爲你希望自己的行爲完全出自本性，儘管知道這並非事實。你有時內向有時外向，有時聰明又努力，有時卻傻傻分不清，有時魅力十足有時耍幼稚，就看你人在哪裡，有誰在看。

基本歸因偏誤導致你把人貼上標籤，假設他是什麼樣的人，但是記住，第一印象多半失之武斷。第一印象會一直存在，直到你逐漸深入了解一個人，知道是什麼樣的處境和成長背景讓他產生現在的行爲。了解這一點並不代表你必須原諒別人的惡行，但是也許有助於防微杜漸。

國家圖書館出版品預行編目資料

任何人都會有的思考盲點：認識自己、洞悉別人，活得比今天聰明。/
大衛·麥瑞尼 (David McRaney) 著；黃貝玲、金棣譯 —— 初版.
——[新北市]：李茲文化, 2013. 06
面；公分
譯自：You Are Not So Smart

ISBN 978-986-88235-8-7（平裝）

1. 認知心理學　2. 思考

176.3　　102008228

任何人都會有的思考盲點：

認識自己、洞悉別人，活得比今天聰明。

作　　者：大衛·麥瑞尼 (David McRaney)
譯　　者：黃貝玲、金棣
審　　訂：連育德
責任編輯：陳家仁、陳玉娥
主　　編：陳家仁
總 編 輯：吳玟琪

出　　版：李茲文化有限公司
電　　話：+(886) 2 86672245
傳　　真：+(886) 2 86672243
E-Mail: contact@leeds-global.com.tw
網　　站：http://www.leeds-global.com.tw/
郵寄地址：23199 新店郵局第 9-53 號信箱
P. O. Box 9-53 Sindian, Taipei County 23199 Taiwan (R. O. C.)

定　　價：340 元
出版日期：2013 年 6 月 1 日　初版
2016 年 6 月 28 日　十一刷

總 經 銷：創智文化有限公司
地　　址：新北市土城區忠承路 89 號 6 樓
電　　話：(02) 2268-3489
傳　　真：(02) 2269-6560
網　　站：www.booknews.com.tw

李茲文化

Make Something Different

不一樣就是不一樣